KB025785

헤겔

HEGEL: A Very Short Introduction, First Edition

Copyright © Peter Singer 2001
Korean translation copyright © 2019 by GYOYUDANG Publishers
All rights reserved.
First edition was originally published in English in 2001.
Korean translation rights arranged with Oxford University Press
through EYA.

이 책의 한국어판 저작권은 EYA 에이전시를 통해
Oxford University Press 사와 독점 계약한 (주)교유당에 있습니다.
저작권법에 의해 한국 내에서 보호를 받는 저작물이므로 무단전재와 무단복제를 금합니다.

첫단추 시리즈

헤겔

피터 싱어 지음
노승영 옮김

교유서가

아버지 어니스트 싱어를 기리며

차례

머리말

19세기나 20세기 철학자 중에서 헤겔만큼 큰 영향을 세상에 끼친 사람은 아무도 없다. 이 단호한 선언의 유일한 예외는 카를 마르크스일 텐데, 마르크스 자신은 헤겔에게서 큰 영향을 받았다. 헤겔이 없었다면 지난 150년의 지적·정치적 발전이 지금 같은 경로로 진행되지 않았을 것이다.

헤겔의 영향만 놓고 봐도 그를 이해하는 것이 중요하지만, 헤겔 철학은 그 자체로도 연구할 가치가 있다. 그의 심오한 사상이 도달한 결론은 현대 독자에게 괴상하고 심지어 터무니없어 보이지만, 그의 결론에 대해 어떻게 생각하든 그의 철학에는 오늘날까지도 힘을 발휘하는 논증과 통찰이 담겨 있다. 헤겔을 이해하려고 노력하면 그런 논증과 통찰뿐 아니라 우리의 이해력을 시험하는 과제를 완수했다는 성취감을 얻을 수 있다.

헤겔이 난해하다는 사실은 부정할 수 없다. 헤겔에 대한 논평들은 그의 문장이 "히말라야처럼 혹독하"다느니, 용어가 "혐오스럽"다느니, 사유가 "지독하게 모호하"다느니 하는 표현으로 가득하다. 이를 실감할 수 있도록, 많은 이들이 헤겔의 최고 걸작으로 여기는 『정신현상학』의 아무 페이지나 펼쳐보았더니 완전한 첫 문장은 이렇다. "'유용한 것'은 앞에서 본 세 요소가 끊임없는 교체를 거듭하는 가운데 하나의 요소로서 자체 내로 복귀해가는 움직임이라고도 하겠는데, 그러면서도 또 어디까지나 하나의 것만이 구태여 들춰내진 것이어서 전체적으로 보면 다른 두 요소와 나란히 있는 추상적인 요소에 지나지 않는다."(『정신현상학 2』(한길사, 2006) 154쪽) 물론 문장을 문맥에서 떼어내기는 했지만, 그럼에도 헤겔을 이해하기가 얼마나 힘든지 감이 올 것이다. 두툼한 『정신현상학』의 매 쪽마다 이것 못지않게 까다로운 문장이 나온다.

이런 철학자의 연구를 사전 지식이 없는 독자를 대상으로 한 얇은 책에서 설명하는 것은 결코 쉬운 일이 아니다. 이 책에서는 어려움을 덜기 위해 두 가지 방법을 동원했다. 첫째 방법은 범위를 제한하는 것이다. 나는 헤겔의 사상을 시시콜콜 설명하려 들지 않았다. 그래서 『미학 강의』나 『역사철학 강의』, 『종교철학 강의』, 『엔치클로페디Enzyklopädie』(철학대계)에서 헤겔이 했던 말은 이 책에서 다루는 저작들과 겹칠 때 말고는 언급하지 않을 것이다. (『엔치클로페디』는 겹치는 부분이 많은데, 주된 부분인 자연철학에 대한 내용은 다른 저작에서 다루지 않는다.) 물론 생략한 부분이 사소하지는 않지만, 헤겔 자신도 이것들이 자신의 철학 체계에 절대적으로 중요하다고 여기지는 않았으리라 생각하며 위안을 삼고자 한다. 하지만 더 심각한 문제는 (헤겔이 틀림없이 자신의 핵심 저작으로 여겼을) 『논리학』에 대한 자세한 설명이 누락된 것이다. 『논리학』의 목표, 방법, 분위기를 전달하려고 해봤지만, 저 두껍고 추상적인 책을 제대로 설명하는 것은 이 얇은 헤겔 입문서로는 역부족이다.

헤겔의 난해한 사상을 초심자에게 이해시키기 위한 나의 둘째 전략은 최대한 평탄한 접근로를 고르는 것이다. 이에 따라 헤겔의 사상 중에서 가장 구체적이고 덜 추상적인 역사철학에서 출발한다. 거기서부터 사회적 · 정치적 관점을 유지한 채로 자유와 합리적 사회 조직에 대한 그의 견해를 향해 올라간다. 그래야만 『정신현상학』의 바위투성이 봉우리에 도전할 수 있다. 그런 다음 좀더 힘을 내어 『논리학』까지 올라갈 생각이다.

헤겔 연구자들은 내가 고른 저작이나 나의 논의 순서에 반대할지도 모르겠다. 앞에서 언급했듯 나의 순서는 헤겔이 자신의 사상을 설명했음직한 순서와 무관하다. 저작 선정과 관련하여, (이를테면) 헤겔이 『역사철학 강의』를 『엔치클로페디』의 자연철학 부분보다 조금이라도 중요하게 여겼으리라고 암시할 생각은 전혀 없다. 내가 아는 것은 두 가지 다 논의할 지면이 없다는 것뿐이다. 나는 헤겔의 역사철학이 그의 자연철학에 비해 현대 사상의 발전에 더 중요하며 오늘날까지도 일반 독자에게 훨씬 흥미로울 것이라 확신한다. (제목에 속지 말 것. 헤겔의 자연철학은 숲과 산의 가치와 아름다움을 음미하는 것이 아니라 물리학, 화학, 생물학 같은 자연과학의 발견들이 그의 논리 범주에 어떻게 들어맞는지 밝히려는 시도다. 헤겔이 한 말은 그 뒤로 상당수가 한물갔다. 이를테면 자연이 발전할 수 없다는 그의 견해는 진화에 대한 우리의 지식에 의해 반박된다.) 따라서 나는 헤겔의 저작을 고르면서 서로 별개인 세 가지 요인으로부터 영향을 받았다. 그것은 무엇이 헤겔의 사상에 중심적인가, 이 책의 분량 안에서 일반 독자에게 전달할 수 있는 것이 무엇인가, 오늘날까지도 사람들에게 흥미롭고 중요한 것이 무엇인가다.

이 책에 담긴 헤겔에 대한 견해는 여러 사람에게 빚지고 있다. 나는 옥스퍼드에서 운 좋게도 J. L. H. 토머스의 명강의 시리즈 두 가지를 들을 수 있었는데, 토머스는 학생들에게 『정신현상학』의 구절들을 이해될 때까지 한 문장 한 문장 곱씹도록 했다. 패트릭 가디너의 포괄적인 독일 관념론 강좌는 토머스의 꼼꼼한 강좌를 훌륭히 보완했다. 나는 여러 저자들에게서 (바라건대) 최상의 아이디어를 마음껏 차용했다. 특히 리처드 노먼의 『헤겔 정신현상학 입문』, 아이번 솔의 『헤겔 형이상학 입문An Introduction to Hegel's Metaphysics』, 월터 카우프만의 『헤겔Hegel』, 찰스 테일러의 『헤겔』을 많이 참고했다. 밥 솔로몬과 헨리 하디, 키스 토머스, 익명의 옥스퍼드 대학교 출판부 직원은 초고를 읽고 조언을 해주었다.

마지막으로, 원고를 훌륭히 입력해준 진 아처, 여름휴가 때 일하는 것을 양해해준 루스, 매리언, 에스터에게 감사한다.

피터 싱어

제 I 장

헤겔의 시대와 생애

헤겔의 시대

게오르크 빌헬름 프리드리히 헤겔은 1770년 슈투트가르트에서 태어났다. 아버지는 뷔르템베르크 공국 궁정에서 하급 공무원으로 일했으며 다른 친척들은 교사나 루터파 성직자였다. 그의 삶에 대해서는 별달리 할 얘기가 없지만, 그가 살았던 시대는 정치적·문화적·철학적 격변기였다.

1789년에 바스티유 감옥이 함락되었다는 소식이 전 유럽에 퍼졌다. 이때 워즈워스는 아래와 같은 시를 썼다.

그 새벽에 살아 있음이 축복이었지만,
젊다는 건 바로 천국이었네!〔『서곡』(문학과지성사, 2009) 323~324쪽〕

1. 헤겔이 태어날 때 가족이 살았던 슈투트가르트 생가.

헤겔이 열아홉번째 생일을 맞기 직전이었다. 헤겔도 훗날 프랑스 혁명을 '영광스러운 새벽'으로 불렀으며 이렇게 덧붙였다. "사고하는 모든 사람들이 이 시대를 함께 축복하고 있다."〔『역사철학 강의』(동서문화사, 2016) 426쪽〕 헤겔도 '축복'에 함께했다. 어느 일요일 봄날 아침 그는 혁명으로 씨를 뿌린 희망을 상징하는 자유의 나무를 동료 학생들과 함께 심었다.

헤겔이 스물한 살 되었을 때 혁명 전쟁이 발발했으며 독일은 금세 혁명군의 침공을 받았다. 우리가 지금 독일로 알고 있는 지역은 당시에 300여 개의 주, 공국, 자유 도시로 이루어져 있었다. 이곳들은 신성로마제국으로 느슨하게 묶여 있었으며 통치자는 오스트리아 황제 프란츠 1세였다. 이 천년 제국을 끝장낸 것은 나폴레옹이었다. 그는 울름과 아우스터리츠에서 오스트리아를 물리치고 1806년에 예나 전투에서 독일 제2의 왕국인 프로이센의 군대를 격파했다. 헤겔은 이때 예나에 살고 있었다. 어떤 사람들은 헤겔이 패배한 독일 왕국 편이라고 생각할지도 모르겠지만, 예나가 프랑스에 점령된 이튿날 그가 쓴 편지에는 나폴레옹을 향한 존경심이 드러나 있다. "황제가, 이 세계혼이 말을 타고 도시를 통과하며 군대를 사열하는 광경을 봤다네. 여기, 한 점으로 수렴한 이가 말을 타고 세계로 뻗어나가 세계를 다스리는 광경은 실로 경이롭더군."

이 존경심은 나폴레옹이 유럽을 다스리던 시기 내내 이어졌으며, 1814년에 나폴레옹이 패배하자 헤겔은 이 일을 위대한 천재가 범인(凡人)의 손에 파멸하고 만 비극적 장면으로 묘사했다.

1806년부터 1814년까지의 프랑스 패권기는 독일 개혁의 시기였다. 프로이센에서는 자유주의자 폰 슈타인이 국왕 수석 자문관으로 임명되었다. 그는 농노제를 곧장 폐지하고 정부 조직을 개편했다. 뒤를 이은 폰 하르덴베르크는 프로이센에 대의제 헌법을 도입하겠다고 약속했으나 나폴레옹이 패배하면서 희망은 물거품이 되었다. 프로이센 국왕 프리드리히 빌헬름 3세는 개혁에 흥미를 잃었으며 몇 년을 꾸물거리다 1823년에 (자문 권한밖에 없으며 지주 일색인) 지방 의회를 창설한 것이 고작이었다. 게다가 1819년 카를스바트 회의에서 독일의 모든 주는 신문과 잡지를 검열하고 혁명 사상의 옹호자들에 대한 탄압 조치를 취하기로 합의했다.

문화의 관점에서 볼 때 헤겔이 살았던 시기는 독일 문학의 황금기였다. 헤겔은 괴테보다 스물한 살 아래, 실러보다 열한 살 아래였으나 그들의 원숙한 작품이 발표될 때마다 꼬박꼬박 찾아 읽었다. 그는 시인 횔덜린의 친한 친구였으며, 독일 낭만주의를 이끈 노발리스, 헤르더, 슐라이어마허, 슐레겔 형제 등과 동시대인이었다. 헤겔은 괴테와 실러에게 큰 영향을 받았고 낭만주의 운동의 일부 사상에 틀림없이 심취해 있었

2. 요한 볼프강 폰 괴테(1749~1832).

으나 낭만주의의 입장은 대부분 거부했다.

헤겔의 성장에 무엇보다 중요한 것은 그가 연구하던 시기에 독일 철학이 처한 상태였다. 헤겔 사상의 배경을 이해하려면 칸트에서 출발하여 그 뒤에 일어난 일들을 일별해야 한다.

이마누엘 칸트는 1781년에 『순수이성 비판』을 발표했다. 현재 이 책은 시대를 통틀어 가장 위대한 철학적 업적으로 평가된다. 칸트의 목표는 우리의 이성이나 지성이 앎에서 무엇을 성취할 수 있고 무엇을 성취할 수 없는지 규명하는 것이었다. 그는 눈과 귀를 비롯한 감각 기관이 얻은 정보를 정신이 결코 수동적으로 받아들이기만 하는 것이 아니라고 결론 내렸다. 앎이 가능한 것은 정신이 우리의 경험을 조직화하고 체계화하는 적극적 역할을 수행하기 때문이다. 우리는 공간, 시간, 물질의 얼개 안에서 세상을 인식하지만 공간, 시간, 물질은 우리와 독립적으로 '저기에' 존재하는 객관적 실재가 아니라 우리의 직관이나 이성의 창조물이다. 직관이나 이성 없이는 세상을 이해할 수 없다. 그렇다면 우리가 세상을 파악하는 얼개와 독립적으로 존재하는 세계가 실제로 어떻게 생겼을지 궁금할 수밖에 없다. 이 물음에는 결코 대답할 수 없다고 칸트는 말한다. (칸트가 '물자체物自體'의 세계라고 부른) 독립적 실재는 우리가 알 수 있는 범위를 영영 벗어나 있다.

칸트 생전에 그의 명성을 드높인 것은 『순수이성 비판』만이 아니었다. 윤리학을 다룬 『실천이성 비판』과 미학을 주로 다룬 『판단력 비판』도 있었다. 『실천이성 비판』에서는 인간이 합리적 도덕 법칙을 따를 능력이 있으면서도 신체적 본성에서 비롯되는 비이성적 욕망에 이끌려 도덕에서 멀어질 수 있다고 주장했다. 따라서 도덕적으로 행동하는 것은 언제나 투쟁이다. 이 투쟁에서 승리하려면 (의무를 단지 의무이니까 행하라고 명령하는) 도덕 법칙에 대한 존경심을 제외한 모든 욕망을 억눌러야 한다. 인간 본성의 이성적 측면에만 기반한 이 도덕관과 대조적으로 『판단력 비판』에서는 오성과 상상력이 조화롭게 어우러져야 미적 판단을 할 수 있다고 주장한다.

『순수이성 비판』을 마무리하면서 칸트는 자신이 걸은 비판철학의 길을 사람들이 따른다면 "많은 세기가 성취할 수 없었던 일", 말하자면 "인간 이성이, 그것의 지식욕이 항상 종사하였으되 지금까지는 헛수고였던 것에서 온전한 만족을 얻도록 하는 일"이 "금세기가 경과하기 전에 달성될 수 있지는 않을까" 하는 희망을 피력했다.(『순수이성비판 2』(아카넷, 2014) 973쪽) 칸트의 성취가 어찌나 인상적이었던지 한동안은 칸트뿐 아니라 그의 독자들이 보기에도 몇 군데 빈 곳을 채우기만 하면 모든 철학이 완성될 것만 같았다. 하지만 점차 칸트에 대한 불만이 터져 나오기 시작했다.

불만의 첫째 원인은 '물자체'에 대한 칸트의 견해였다. 전혀

3. 이마누엘 칸트(1724~1804).

알 수 없는 무언가가 존재한다는 사실은 인간 이성 능력의 불만족스러운 한계처럼 보였다. 게다가 우리가 아무것도 알 수 없다면서도 그것이 존재한다고 말하고 '물'이라고 부르는 것은 모순 아닌가? 물자체의 존재를 부정하는 대담한 걸음을 내디딘 사람은 요한 피히테였다. 그는 이렇게 하는 것이야말로 칸트 철학에 대해 칸트 자신보다 더 충실한 것이라고 주장했다. 피히테의 관점에서는 온 세계가 우리의 능동적 정신에 의해 구성되며 정신이 알 수 없는 것은 존재하지 않는다.

불만의 둘째 원인은 칸트의 도덕철학에 함축된 인간 본성의 구분이었다. 이 방면에서 공격을 개시한 사람은 『미학 편지』를 쓴 실러였다. 그도 자신이 칸트로 칸트를 넘는다고 생각했다. 오성과 상상력의 합일이라는 그의 미적 판단 모형은 『판단력 비판』에서 차용한 것이기 때문이다. 실러는 우리의 모든 삶이 그런 합일과 마찬가지로 조화로울 수밖에 없다고 말했다. 인간 본성이 이성과 감성으로 영원히 분리되었으며 우리의 도덕적 삶이 둘 사이의 영원한 투쟁이라고 말하는 것은 모멸스럽고 패배주의적이다. 어쩌면 실러는 칸트가 오늘날 인간 삶의 안타까운 상황을 정확히 묘사하기는 했지만 상황이 언제나 그런 것은 아니며 언제나 그럴 필요도 없다고 주장한 것인지도 모르겠다. 순수한 예술 형태로 칭송받는 고대 그리스에서는 이성과 감성이 조화롭게 합일했다. 따라서 실러는 오랫동안 잃었던 인간 본성의 조화를 회복하기 위한 토대로 삶의 모든 측면에서 미적 감각을 되살릴 것을 촉구했다.

헤겔은 훗날 칸트의 철학이 "근세 (독일) 철학의 기초이며 출발점"이라고 말했다.(『대논리학 1』(지학사, 1983) 53쪽) 여기에 피히테와 실러가 이 출발의 방향을 나름대로 제시했다고 덧붙여도 무방할 것이다. 알 수 없는 물자체와 스스로에 대해 분리된 인간 본성 개념 둘 다 칸트의 계승자들에게는 해결해야 할 문제였다.

헤겔은 초기 논문에서 실러가 인간 본성에 대한 칸트의 견해에 반대한 것, 특히 이 부조화가 인간 본성에 대한 영원한 진리가 아니라 극복해야 할 문제라고 본 것을 높이 평가했다. 하지만 미적 교육이 해결책이라는 주장은 받아들일 수 없었다. 헤겔은 그 임무를 철학의 몫으로 여겼다.

헤겔의 생애

헤겔은 학창 시절에 두각을 나타냈으며 이름난 튀빙겐 신학대학에서 장학금을 받으며 철학과 신학을 공부했다. 이곳에서 시인 횔덜린이나 어리지만 매우 유능한 철학도 프리드리히 셸링과 친구가 되었다. 셸링은 헤겔이 알려지기 전부터 철학자로서 전국적 명성을 얻게 된다. 훗날 자신의 명성이 헤겔

4. 프리드리히 실러(1759~1805).

에 가려지자 셸링은 옛 친구가 자신의 사상을 가로챘다고 불평했다. 셸링은 오늘날 거의 읽히지 않지만, 그의 견해와 헤겔의 견해가 무척 비슷한 것을 보면 불만을 품을 만도 했다. 두 사람이 일치하는 지점에서 헤겔이 거둔 성과가 훨씬 크긴 했지만.

튀빙겐에서 학업을 마친 헤겔은 스위스의 부잣집에 가정교사로 들어갔다. 뒤이어 프랑크푸르트에서도 비슷한 일을 했다. 이 시기에 헤겔은 계속해서 철학적 문제에 대해 읽고 생각했다. 종교에 대한 논문을 썼는데, 발표하기 위한 것이 아니라 생각을 명료하게 다듬기 위한 것이었다. 논문을 보면 그의 사유가 급진적 노선을 따라 전개되었음을 알 수 있다. 예수는 소크라테스에 비해 턱없이 열등한 윤리학 교사로 평가된다. 헤겔이 보기에 정통 종교는 인간을 조화의 상태로 회복시킨다는 목표의 걸림돌이다. 인간 자신이 가진 사유의 힘을 외부 권위에 종속시키도록 만들기 때문이다. 정통 종교에 대한 이러한 태도는 평생 동안 그에게 남아 있었으나 급진주의는 점차 누그러져 나중에 그는 루터파 기독교인을 자처하고 루터파 교회의 예배에 정기적으로 참석하기도 했다.

1799년에 아버지가 세상을 떠나자 헤겔은 (많지 않은) 유산을 상속받았다. 헤겔은 가정 교사를 그만두고 친구 셸링을 따라 작은 주 바이마르에 있는 예나 대학교에 취직했다. 예나에는 실러와 피히테가 있었으며 셸링은 이미 이름을 떨치고 있었다. 이에 반해 헤겔은 발표한 글이 거의 없었으며 비공식 강의에 만족해야 했다. 그의 강의를 들으러 온 소수의 학생에게서—1801년에는 열한 명, 1804년에는 서른 명이 수강했다—받은 소액의 수강료가 수입의 전부였다.

예나에서 헤겔은 피히테의 철학과 셸링의 철학이 어떻게 다른지에 대해 긴 소논문을 발표했는데, 모든 면에서 셸링의 견해가 우월하다는 의견을 피력했다. 헤겔은 한동안 셸링과 함께 〈철학 비평Kritische Journal der Philosophie〉이라는 학술지에서 일하면서 논문을 여러 편 기고했다. 1803년에 셸링이 예나를 떠났으며 헤겔은 첫 주저 『정신현상학』을 준비하기 시작했다. 헤겔은 유산을 다 써버린 탓에 돈이 궁해서 출판업자와 계약을 맺었는데, 현금을 미리 받을 수는 있었지만 1806년 10월 13일까지 원고를 제출하지 못하면 거액의 위약금을 물어야 했다. 프랑스가 프로이센에 승리한 뒤에 예나를 점령한 때가 바로 그날이었다. 헤겔은 마감일을 맞추기 위해 원고를 부랴부랴 마무리해야 했으며, 군대가 예나 외곽에 진주하여 아수라장이 벌어진 와중에 하나뿐인 원고를 보내야 했다. 다행히 원고는 무사히 전달되어 1807년 초에 출간되었다.

첫 반응은 호의적이었으나 열광적이지는 않았다. 서설에서 셸링의 견해(로 보이는 것)를 공격했으니 셸링이 역정을 낼 만도 했다. 헤겔은 편지를 써서 자신이 비판하려던 것은 셸링이 아니라 그의 하찮은 모방자들일 뿐이라고 해명했다. 셸링은 서설만 보면 그게 그거라고 답장을 보냈으며 노여움을 거두지 않았다. 둘의 우정은 끝장났다.

예나에서의 삶은 프랑스의 점령으로 차질을 겪었다. 학교가 폐쇄되었으며 헤겔은 1년간 신문 편집자로 일하다 뉘른베르크 김나지움의 교장직을 받아들였다. 그는 9년간 교장으로 재직하면서 성공을 거뒀다. 일상적인 직무 이외에도 학생들에게 철학을 가르쳤는데, 학생들이 그의 강의를 어떻게 생각했는지는 알려져 있지 않다.

뉘른베르크에서 헤겔은 가정생활의 안정을 찾았다. 예나에 있을 때 하숙집 여주인과의 사이에서 사생아를 낳았는데, 기록에 따르면 여주인은 그전에도 다른 연인들과의 사이에서 사생아 두 명을 낳았다. 1811년에 헤겔은 41세의 나이로 유서 깊은 뉘른베르크 가문의 여인과 결혼했다. 그녀의 나이는 헤겔의 절반에 불과했지만, 결혼 생활은 어느 모로 보나 행복했다. 헤겔 부부는 아들을 둘 낳았으며, 사생아의 어머니가 죽자 헤겔의 아내는 너그럽게도 아이를 받아들였다.

이 시기에 헤겔은 두툼한 『논리학』을 발표했는데, 이 책은 1812년, 1813년, 1816년에 걸쳐 세 권으로 출간되었다. 이제 그의 저작은 널리 인정받았으며 1816년에 그는 하이델베르크

대학교 철학 교수 자리를 제안 받았다. 그곳에서 헤겔은 자신의 철학 체계 전체를 비교적 간략하게 천명한 『엔치클로페디』를 썼다. 내용 중 상당수는 헤겔의 다른 저작에도 (확장된 형태로) 들어 있다.

헤겔의 명성이 어찌나 커졌던지 프로이센 교육부에서는 베를린 대학교 철학과 학과장이라는 명예로운 자리를 제안했다. 당시에 프로이센은 폰 슈타인과 폰 하르덴베르크의 개혁으로 교육 체계가 정비되었으며 베를린은 독일 모든 주의 지적 중심지가 되어가고 있었다. 헤겔은 학과장 제안을 단박에 수락했으며 1818년부터 1831년 사망할 때까지 베를린 대학교에서 가르쳤다.

헤겔의 생애에서 이 마지막 시기는 모든 면에서 정점이었다. 그는 『법철학』을 출간하고 역사철학, 종교철학, 미학, 철학사를 강의했다. 통상적 의미에서 좋은 강사는 아니었지만 틀림없이 학생을 사로잡는 힘이 있었다. 학생의 묘사를 읽어보자.

> 처음에는 그의 전달 방식이나 사유의 흐름을 따라갈 수 없었다. 그는 기진맥진하고 시무룩한 채 마치 주저앉은 듯 머리를 숙이고 앉아 있었으며 말을 하면서도 공책을 앞뒤로 샅샅이 넘기며 내용을 찾았다. 연신 목을 가다듬고 기침을 하는 바람에 강의의 맥이

> 끊겼다. 문장은 연결되지 않았으며 뚝뚝 끊어지고 뒤죽박죽인 채 힘겹게 발음되었다. (…) 문장이 술술 흘러나온다는 것은 연사가 주제를 장악하고 숙지했다는 뜻이지만, 이 사람은 사물의 가장 깊은 토대에서 가장 강력한 생각들을 끌어올려야 했다. 이 어려움과 어마어마한 고충을 그의 전달 방식보다 더 생생하게 보여주는 것은 상상하기 힘들다.

이제 헤겔은 많은 청중을 끌어모으는 강연자가 되었다. 독일어권 전역에서 그의 강의를 들으려고 사람들이 몰려들었으며 많은 수재들이 그의 제자가 되었다. 그가 죽은 뒤에 제자들이 자신들의 필기를 덧붙여 그의 강의록을 편집하고 출간했다. 이런 식으로 『역사철학 강의』, 『미학 강의』, 『종교철학 강의』, 『철학사 강의』 등 여러 저작이 우리 손에 남았다.

1830년에 헤겔은 명성에 걸맞게 베를린 대학교 총장으로 선출되었다. 하지만 이듬해에 61세의 나이로 갑자기 병이 들어 이튿날 자다가 죽었다. 그의 동료 한 명은 이렇게 말했다. "얼마나 끔찍한 공허인가! 그는 우리 대학의 주춧돌이었다."

제 2 장

목적이 있는 역사

헤겔은 역사를 진지하게 대했다. 칸트는 인간 본성이 무엇이고 언제나 무엇이어야 하는가를 순전히 철학적 토대 위에서 이야기할 수 있다고 생각했지만 헤겔은 인간 조건의 토대 자체가 시대에 따라 달라질 수 있다는 실러의 주장을 받아들였다. 역사를 통틀어 발전이 이루어진다는 이 변화 개념은 헤겔 세계관의 근본이다. 프리드리히 엥겔스는 헤겔이 자신과 동료 카를 마르크스에게 얼마나 중요했는지 회상하며 이렇게 썼다.

헤겔의 사유 방식이 그 밖의 모든 철학자들보다 뛰어났던 점은 그 저변에 거대한 역사적 의식이 놓여 있다는 것이었다. 그 형식이 추상적이고 관념론적이긴 했지만 그의 사상의 전개는 항상 세계사의 발전과 평행을 이루어 진행했으며, 뒤의 것은 본래 앞의 것의 시금(試金)일 뿐이었다.〔『칼 맑스 · 프리드리히 엥겔스 저작 선집 2』(박종철출판사, 2008) 487쪽〕

세계사의 발전을 헤겔 사상 체계의 '시금'으로 묘사한 마지막 구절의 의미는 아직 고민할 필요 없다. 엥겔스가 말하듯 헤겔 사상의 발전과 세계사의 발전 사이에 확실한 유사성이 있다는 것만으로도 헤겔의 세계사 이해를 그의 사상 체계를 이해하는 토대로 삼기에 충분하기 때문이다.

엥겔스의 말에서 이끌어낼 수 있는 또다른 요점은 그가 마르크스와 자신에게 헤겔이 끼친 영향의 중요성을 평가할 때 헤겔의 역사적 감각을 최우선으로 고려한다는 사실이다. 그러니 헤겔의 『역사철학』에 대한 소개에서 시작하는 것은 헤겔의 체계에서뿐 아니라 헤겔 사상의 꾸준한 영향력에서도 핵심을 이루는 주제에서 시작하는 셈이다.

역사철학이란 무엇인가?

우선 '역사철학'이 헤겔의 용어법에서 무엇인가 하는 것을 이해해야 한다. 헤겔의 『역사철학』에는 역사적 사실이 많이 들어 있다. 그는 중국, 인도, 페르시아의 초기 문명에서 고대 그리스와 로마 시대를 거쳐 세계사를 개관한 뒤에 봉건제에서 종교 개혁까지, 계속해서 계몽주의와 프랑스 혁명까지 유럽사의 경로를 밟는다. 하지만 헤겔이 자신의 『역사철학』을 단지 역사적 개관으로 여기지 않았음은 분명하다. 그의 역사철학이 철학인 것은 있는 그대로의 역사적 사실들을 원재료 삼아 이 사실들을 뛰어넘으려 하기 때문이다. 헤겔 스스로도 "역사철학이란 역사의 사유적 고찰 이외에 다른 어떤 것도 의미하지 않는다"(『역사철학 강의』 18쪽)라고 말했다. 하지만 헤겔 자신이 이렇게 정의하기는 했어도, 이것만 가지고는 그가 『역사철학』에서 무엇을 하려 했는지 제대로 알기 힘들다. 헤겔의 정의에서 알 수 있는 것은 역사에 대한 "사유적 고찰"이 그 원재료를 합리적 발전 과정의 일부로 묘사함으로써 세계사의 의미와 중요성을 드러내야 한다는 그의 의도다.

여기서 이미 우리는 헤겔의 주된 신념 중 하나를 알 수 있다. 그것은 역사에 모종의 의미와 중요성이 있다는 신념이다. 헤겔이 역사를 맥베스의 암울한 인생관처럼 "소음과 광란이 가득하고 아무런 뜻 없는 바보 이야기"(『셰익스피어 전집』(문학과지성사, 2016) 674~675쪽)로 보았다면 결코 『역사철학』을 쓰려고 시도하지 않았을 것이며 그의 필생의 역작은 알아볼 수 없을 만큼 달라졌을 것이다. 물론 현대 과학의 견해는 맥베스

쪽에 훨씬 가깝다. 우리 지구는 상상할 수 없이 큰 우주의 작은 점 하나에 불과하며 이 지구에서 생명은 기체의 우연한 결합에서 시작되어 자연 선택이라는 맹목적 힘에 의해 진화했다. 인류의 기원에 대한 이 견해에 발맞춰 대다수 현대 사상에서는 역사를 만들어가는 무수한 인간의 온갖 개별적 목적을 넘어서는 궁극적 목적이 역사에 있다는 가정을 거부한다. 하지만 헤겔 시대에는 인간사가 결코 사건들의 무의미한 뒤범벅이 아니라는 확신이 전혀 낯설지 않았다. 실은 지금도 완전히 낯설지는 않다. 종교 사상은 전통적으로 (설령 다가올 더 나은 세상에 대한 전조로서만 의미가 있을지라도) 인간사가 취하는 경로에서 의미와 중요성을 보았기 때문이다.

역사에 의미가 있다는 주장을 이해하는 방법은 여러 가지가 있다. 모든 과정을 시작한 어떤 조물주의 목적으로부터 역사가 전개된다는 주장으로 이해할 수도 있고, 더 신비주의적으로는 우주 자체에 어떤 식으로든 목적이 있을 수 있다는 주장으로 이해할 수도 있다. 역사에 의미가 있다는 주장에서 종교적 함의나 신비주의적 함의를 모두 걷어내고, 우리의 과거를 성찰하여 역사의 방향과 최종 목적지—어떤 운 좋은 이성에게 이 목적지는 바람직한 것이요 우리가 분투하는 목적으로 받아들일 수 있는 것이다—를 알 수 있다는 더 한정된 주장으로 단순하게 이해할 수도 있다.

헤겔의 『역사철학』은 역사에 의미가 있다는 주장을 이해하는 이 여러 가지 방법에 맞게 다양한 식으로 해석할 수 있다. 헤겔을 파악하려는 우리의 일반 전략에 부합하도록 우선 저 주장을 이해하는 다양한 방법 중 가장 덜 신비주의적인 셋째 방법에서 역사에 의미를 부여하는 요소들을 살펴보자.

헤겔은 『역사철학』 머리글에서 "세계사란 자유 의식이 앞으로 나아가는 과정"(『역사철학 강의』 28쪽)이라고 단언한다. 이 문장은 『역사철학』 전체를 아우르는 테마를 제시한다. (심지어 헤겔의 사상 전체를 아우르는 테마를 요약한 것이라고 말할 수도 있겠지만, 자세한 얘기는 나중에 하겠다.) 이제 우리는 헤겔이 그 테마를 어떻게 전개하는지 들여다보아야 한다.

헤겔은 이른바 '동양 세계'—그의 규정에 따르면 중국, 인도, 고대 페르시아 제국—에 대한 설명에서 출발한다. 중국과 인도는 "정체된" 문명, 즉 일정한 발전 단계에 도달하여 고착된 사회로 간주된다. 헤겔은 중국과 인도가 "세계사의 바깥에 있"다고 묘사한다.(『역사철학 강의』 122쪽) 말하자면 자신의 역사철학을 떠받치는 총체적 발전 과정의 일부가 아니라는 뜻이다. 진정한 역사는 "과거에 존재했던 첫 왕국"인 페르시아 제국에서 시작된다고 헤겔은 말한다.(『역사철학 강의』 172쪽)

동양 세계에 대한 헤겔의 논의에 담긴 모든 논점은 동양 사회에서는 통치자 한 사람만이 자유로운 개인이라는 관념과 관계가 있다. 나머지 국민은 모조리 자유가 결여되어 있는데, 왜냐하면 가부장, 라마, 황제, 파라오 같은 전제 군주의 의지에 자신의 의지를 종속시켜야 하기 때문이다. 이러한 자유의 결여는 표면적 현상이 아니다. 이것은 단순히 신민이 전제 군주의 의지를 거역하면 잔혹한 처벌을 받을 수 있음을 '안다'는 것에 그치지 않는다. 이 말은 그들이 나름의 의지를 가졌고 전제 군주에게 복종하는 것이 타당하거나 옳은지 생각할 수 있으며 실제로 생각한다는 뜻이기 때문이다. 하지만 헤겔에 따르면 동양의 신민에게는 근대적 의미에서의 의지가 전혀 없다. 동양에서는 법뿐 아니라 심지어 도덕 자체도 외부적 규율의 문제다. 그들에게는 (우리가 가진) 개인적 양심이라는 관념이 결여되어 있다. 그러니 개인이 옳고 그름에 대해 나름의 도덕적 판단을 형성할 가능성은 무의미하다. 통치자를 제외한 동양의 국민에게는 이 문제들에 대한 견해가 바깥에서 온다. 이 견해들은 세계에 대한 사실이기에 산과 바다의 존재처럼 의문을 제기할 수 없다.

헤겔에 따르면 개인적 독립의 결여는 이처럼 저마다 다른 동양 문화에서 저마다 다른 형태를 취하지만 그 결과는 언제나 같다. 중국은 가족 원칙에 따라 구성되어 있다고 헤겔은 말한다. 정치는 황제가 "아버지다운 배려를 펴는 데 있"으며 나머지 모든 국민은 자신을 국가의 자식으로 여긴다.(『역사철학

5. 석가모니(기원전 563?~483).

강의』 128쪽) 중국 사회가 부모에 대한 공경과 복종을 그토록 강조하는 것은 이런 까닭에서다. 이에 반해 인도에 개인 자유의 관념이 없는 이유는 사회의 기본 체제—각 사람에게 직업을 할당하는 카스트 체계—가 정치 체제가 아니라 자연적이고 그렇기에 불변하는 것으로 간주되는 데 있다. 따라서 인도를 다스리는 권력은 인간 전제 군주가 아니라 자연이라는 전제 군주다.

페르시아는 사정이 다르다. 페르시아의 황제를 언뜻 보면 중국의 황제와 거의 비슷한 의미에서의 절대 통치자인 것 같지만, 페르시아 제국의 토대는 단순히 자연적인 가족적 복종이 국가 전체로 확장된 것이 아니라 일반 원칙, 즉 통치자와 신민을 두루 규율하는 법이다. 페르시아는 빛을 숭배하는 조로아스터교에 기반한 신정 군주제였기 때문이다. 헤겔은 대체로 빛 개념을 순수하고 보편적인 것으로, 태양처럼 만물을 비추며 만인을 고루 이롭게 하는 것으로 묘사한다. 물론 그렇다고 해서 페르시아가 평등주의적이라는 뜻은 아니다. 황제는 여전히 절대 통치자이며 그렇기에 제국에서 유일하게 자유로운 사람이다. 하지만 그의 통치가 일반 원칙에 바탕을 두었으며 자연적 사실로 간주되지 않았다는 사실은 발전이 가능했음을 의미한다. 지적이거나 정신적인 원칙에 토대한 통치의 개념은 (헤겔이 추적하고자 하는) 자유 의식의 성장이 시작되었음을 의미한다. 따라서 이는 '진정한 역사'의 시작이다.

그리스 세계

페르시아 제국에서는 자유 의식이 성장할 잠재력이 있었지만, 제국의 구조 안에서는 이 잠재력이 실현될 수 없었다. 하지만 페르시아 제국은 영토 확장을 시도하면서 아테네, 스파르타 같은 고대 그리스의 도시 국가들과 접촉했다. 페르시아 제국은 자신의 패권을 받아들이라고 요구했으나 그리스인들은 거부했다. 그러자 황제는 대군과 대함대를 출병했다. 페르시아 함대와 그리스 함대는 살라미스에서 맞붙었다. 이 전설적 전투는 한 명의 주권자 군주 치하에서 통일된 세계를 추구하는 동양 전제 군주와 '자유로운 개인'이라는 원칙을 인식한 개별 국가들 사이의 경쟁이었다고 헤겔은 말한다. 그리스가 승리를 거둔 것은 세계사의 조류가 전제적 동양 세계에서 그리스 도시 국가의 세계로 넘어갔음을 의미했다.

헤겔은 그리스 세계가 자유로운 개인의 관념에 의해 움직이지만 역사의 이 단계에서는 개인의 자유가 결코 온전히 발전할 수 없다고 생각했다. 그가 그리스식 자유 개념에 한계가 있다고 여긴 데는 두 가지 서로 다른 이유가 있다. 하나는 단순하고 다른 하나는 복잡하다.

단순한 이유는 그리스식 자유 개념이 노예제를 허용한다는 것이다. 사실 '허용'이라는 말은 약과다. 헤겔의 견해에 따르면 그리스식 민주주의가 작동하기 위해서는 노예제가 적극적으로 필요했다. 아테네에서 보듯 (도시 국가의 최고 의사 결정 기구인) 민회에 참여할 의무와 권리가 모든 시민에게 있다면, 생필품을 생산하는 일상 업무는 누가 하는가? 따라서 시민의 권리와 의무가 없는 노동자 계층, 즉 노예가 있어야 한다.

동양 세계에서는 통치자 **한 명**만이 자유롭다. 노예제가 존재한다는 사실은 그리스 세계가 (전부는 아니지만) **일부**가 자유로운 단계로 발전했음을 뜻한다. 하지만 그리스 도시 국가의 자유 시민조차도 불완전한 의미에서 자유로울 뿐이라고 헤겔은 생각한다. 이 논리는 이해하기가 쉽지 않다. 헤겔은 그리스인에게 개인적 양심의 관념이 전혀 없었다고 주장한다. 앞에서 보았듯 헤겔은 동양 세계에도 이 관념이 결여되긴 했지만 동양에서는 사람들이 위에서 자신들에게 부여된 도덕률을 성찰하지 않고 단순히 복종하는 반면에 그리스에서는 도덕률을 따르려는 동기가 자기 내면에서 비롯된다고 생각했다. 헤겔에 따르면 제 나라를 위해 살려는 그리스인의 성향은 내면을 넘어서는 성찰에서 비롯된 것이 아니다. 이 성향은 모든 사람이 자신의 나라를 위해 행동해야 한다는 관념 같은 추상적 원칙을 받아들인 결과가 아니었다. 그리스인은 스스로가 자신의 도시 국가와 떼려야 뗄 수 없이 연결되어 있으므로 자신의 이익과 (자신이 살아가는) 공동체의 이익이 구별되지 않는다고 생각했다. 그들은 사회생활의 모든 관습과 형태를 버리고서 이 공동체와 동떨어지거나 대립하여 살아간다는 것을 상상할 수 없었다.

이 모든 것의 의미는 전체로서의 공동체에 가장 유익한 일을 하려는 그리스인의 성향이 내면에서 비롯된다는 것이다. 이것은 그리스인의 자유가 동양인과 다른 방식이었음을 시사한다. 그들은 외부의 명령이 요구하는 대로가 아니라 자신이 바라는 대로 행동했다. 하지만 헤겔은 이런 자유가 불완전한 형태이며 그 이유는 동기가 너무 자연스럽게 부여되기 때문이라고 말한다. 자신이 겪은 성향과 관습이 어떤 결과를 낳았든 그것은 이성을 발휘한 결과가 아니다. 습관적 행동은 심사숙고 끝에 선택되는 것이 아니다. 내게 무엇을 하라고 명령하는 전제 군주가 없고 행동의 동기가 내면에서 비롯되는 것처럼 보이더라도 여전히 나의 행동은 내 의지 밖에 있는 힘—내게 성향을 부여한 사회적 힘—의 지배를 받는다고 말할 수 있을 것이다.

헤겔에 따르면 외부의 힘에 대한 그리스인의 의존성은 중요한 일을 앞두고 신탁에서 지침을 구하는 성향으로 나타났다. 신탁의 조언은 희생 제물의 내장 상태나 자연적 사건처럼 자신의 생각으로부터 매우 독립적인 것을 근거로 삼는다. 참으로 자유로운 사람은 가장 중요한 결정이 그런 사건에 좌우되도록 하지 않을 것이며 자신의 이성 능력을 발휘하여 스스로 결정을 내릴 것이다. 이성은 자유로운 사람들을 자연계의 우연한 사건 너머로 들어올리며 그들로 하여금 자신에게 영향을 끼치는 상황과 힘을 비판적으로 성찰할 수 있도록 한다. 그렇기에 비판적 사유와 성찰 없이는 자유를 온전히 성취할 수 없다.

그렇다면 비판적 사유와 성찰은 자유의 발전 과정에서 한 발 더 나아가기 위한 열쇠다. 그리스의 신 아폴론은 이 맥락에서 그리스인들에게 "너 자신을 알라"라고 명령했다고 한다. 그리스의 철학자들, 특히 소크라테스는 관습적 믿음에 구애받지 않는 자유로운 물음을 촉구하는 이 명령을 받아들였다. 소크라테스는 대체로 자신의 견해를 대화의 형태로 표현하는데, 그의 말상대인 고귀한 아테네인들은 무엇이 좋거나 정의로운지를 자신이 잘 안다고 생각한다. 그런데 이 '앎'은 좋음이나 정의에 대한 통념을 되뇌는 능력에 불과한 것으로 드러나며, 이 관습적 도덕관이 전부가 아님을 보이는 것은 소크라테스에게 식은 죽 먹기다. 이를테면 소크라테스는 빚진 것을 돌려주는 것이 정의라는 통념에 이의를 제기하며 어떤 친구가 내게 무기를 빌려주었는데 그 뒤에 그가 미쳐버린 상황을 예로

든다. 내가 그에게 무기를 빌렸을지는 모르지만, 그 무기를 돌려주는 것이 과연 정의로울까? 이렇듯 소크라테스는 사람들로 하여금 그들이 늘 받아들이던 관습적 도덕을 비판적으로 성찰하도록 이끈다. 이 비판적 성찰은 옳고 그름의 최종 판단 권한을 사회적 관습이 아니라 이성에 부여한다.

헤겔은 소크라테스가 예시한 원칙을 아테네적 국가에 맞서는 혁명적 힘으로 여긴다. 그리하여 그는 소크라테스에게 내려진 사형 선고가 의심할 여지 없이 정확했다고 판단한다. 아테네 사람들은 자기네 공동체적 존재의 바탕이 되는 관습적 도덕의 철천지원수를 단죄한 것이었다. 하지만 독립적 사유의 원칙은 아테네에 단단히 뿌리내렸기에 한 사람의 죽음으로 근절할 수 없었다. 그리하여 머지않아 소크라테스를 고발한 자들이 고발당했으며 소크라테스는 사후에 불명예를 씻었다. 그렇긴 하지만 이 독립적 사유 원칙은 아테네가 몰락한 궁극적 원인이며, 그리스 문명이 담당한 세계사적 역할은 이로부터 종말을 맞는다.

로마 세계

헤겔에 따르면 무반성적 관습이 그리스 도시 국가의 토대를 이룬 것과 대조적으로, 다양한 민족의 집합으로 이루어진 로마 제국은 자연적인 가부장적 또는 그 밖의 관습적 유대감이 전혀 없었기에 단합을 위해서는 무력으로 뒷받침되는 가장 엄격한 규율이 필요했다. 세계사의 다음 단계에서 로마가 패권을 차지한 것은 페르시아 제국으로 대표되는 전제적 동양 모형으로 회귀한 것처럼 보인다. 하지만 헤겔 말마따나 세계사의 과정이 순조롭고 꾸준한 진보가 아닌 것은 틀림없지만 그렇다고 해서 퇴보도 아니다. 앞 시대에 얻은 성과는 결코 완전히 사라지지 않는다. 그래서 헤겔은 페르시아 제국의 근본적 원칙과 로마 제국의 근본적 원칙을 구별한다. 그리스 시대에 탄생한 개인 개념과 사적 판단 능력이라는 개념은 사라지지 않았다. 실제로 로마 국가가 토대로 삼는 정치 조직과 법 체계는 개인 권리를 가장 기본적인 개념 중 하나로 규정한다. 그리하여 로마 국가는 페르시아 제국이 결코 할 수 없었던 방식으로 개인 자유를 인식한다. 물론 이러한 개인 자유—헤겔은 이를 "개인의 내면에 있는 추상적 자유"(『역사철학 강의』 276쪽)라고 부른다—의 인식이 순전히 법적이거나 형식적인 문제임을 간과해서는 안 된다. 개인이 다양한 생각과 생활 방식을 발전시킬 수 있는 참된 자유—헤겔의 용어로는 "구체적인 개인(성)"(『역사철학 강의』 275쪽)—는 로마의 잔혹한 권력에 의해 무자비하게 짓밟힌다.

그렇다면 페르시아 제국과 로마 제국이 정말로 다른 점은 페르시아 제국에서는 동양적 전제의 원칙이 마구잡이로 적용되는 반면에 로마 제국에서는 국가의 절대 권력과 개인의 이상 사이에 끊임없는 긴장이 존재한다는 사실이다. 이 긴장이 페르시아 제국에 결여된 것은 개인의 이상이 아직 발전하지 않았기 때문이며 그리스에 결여된 것은 개인 개념이 전면에 등장하긴 했지만 그에 대립하는 정치권력이 엄격하게 중앙집권화되지 않았기 때문이다.

헤겔이 묘사하듯 로마 세계는 행복한 곳이 아니다. 즐겁고 자발적이던 그리스 세계의 자유로운 정신은 깨지고 부서졌다. 국가가 외면적 순응을 요구하는 상황에서 자유를 찾으려면 내면으로 후퇴하고 스토아주의, 에피쿠로스주의, 회의주의 같은 철학을 피난처로 삼는 수밖에 없다. 서로 대립하는 이 철학 유파들을 이 자리에서 시시콜콜 살펴볼 필요는 없다. 중요한 것은 이 유파들이 한결같이 부, 정치권력, 세속적 영광처럼 현실 세계가 제공해야 하는 모든 것에 콧방귀를 뀌고 외부 세계가 할 수 있는 모든 것에 절대적으로 무관심한 채 살아간다는 것이다.

헤겔에 따르면 이 철학 유파들이 널리 전파된 것은 개인이 스스로를 자유로운 존재로 여기면서도 자신이 어찌할 수 없는 강압적 힘 앞에서 무력감을 느낄 수밖에 없기 때문이다. 하지만 철학으로 도피하는 것은 이 상황에 대한 부정적 반응이다. 적대적 세상의 면전에서 어쩔 수 없이 내놓는 궁여지책일 뿐이다. 더 적극적인 해결책이 필요했다. 해결책을 내놓은 것은 기독교였다.

헤겔이 왜 이런 관점에서 기독교를 보는지 이해하려면 헤겔이 보기에 인간이 매우 똑똑한 동물 이상의 존재임을 알아야 한다. 인간은 동물처럼 자연에서 살아가지만 그와 더불어 영적인 존재이기도 하다. 인간은 스스로를 영적 존재로 자각할 때까지는 물질적 힘의 세계인 자연에 갇혀 있다. 로마 세계가 그랬듯 자연이 자유의 열망에 완강히 저항하면 결코 자연 속에서 탈출구를 찾을 수는 없으며 (앞에서 언급했듯) 자연을 향한 순전히 부정적인 태도에 바탕을 둔 철학으로 후퇴하는 방법밖에 없다. 하지만 인간이 스스로를 영적 존재로 자각하는 순간 자연의 적대는 압도적 위력을 잃으며 긍정적으로 초월될 수 있다. 이는 인간에게 자연을 넘어선 긍정적인 무언가가 있기 때문이다.

헤겔에 따르면 기독교가 특별한 것은 예수 그리스도가 인간이자 신의 아들이기 때문이다. 이것은 인간이 신의 형상으로 창조되었으며 그와 동시에 자신 안에 무한한 가치와 영생의 운명을 가지고 있음을 인간에게 가르친다. 그러면 헤겔이 말하는 "종교적인 자의식"(『역사철학 강의』 326쪽)—자연 세계가 아니라 영적 세계가 우리의 참된 집이라는 인식—이 발전한다. 이 자각을 얻으려면 자연적 욕망과 (사실은) 모든 자연적 존재가 자신에게 씌운 족쇄를 끊어야 한다.

영적 본성이 인간에게 본질적이라는 이 자각을 선사하는 것이 기독교의 역할이다. 하지만 이 과정이 한꺼번에 일어나지는 않는다. 내적 경건함만 있으면 되는 일이 아니기 때문이다. 기독교 신자의 경건한 마음속에서 일어나는 변화는 실제 바깥 세상을 영적 존재로서의 인간의 필요를 충족하는 무언가로 탈바꿈시킨다. 뒤에서 보겠지만 인류가 이를 성취할 수 있게 되려면 헤겔의 시대에 이르기까지 기독교 시대 전체가 동원되어야 한다.

그리고 그전에 그리스 시대를 특징짓는 자유의 제약이 철폐되어야 한다. 첫째, 기독교는 노예제에 반대한다. 인류 개개인에게 무한한 본질적 가치가 있기 때문이다. 둘째, 더는 신탁에 의지하지 않는다. 신탁은 자연의 우연한 사건을 영적 존재의 자유로운 선택보다 중시하기 때문이다. 셋째, 같은 이유로 그리스 사회의 관습적 도덕이 사랑이라는 영적 개념에 바탕을 둔 도덕으로 대체된다.

기독교는 로마 시대에 전면에 등장하여 콘스탄티누스 치하에서 제국의 공식 종교가 된다. 제국의 서쪽 절반이 야만족 침략군에게 함락된 뒤에도 비잔티움 제국은 천년 넘게 기독교를 고수한다. 하지만 헤겔이 보기에 이것은 정체되고 타락한 기독교다. 이미 속속들이 썩은 구조에 기독교의 허울을 씌우려는 시도였기 때문이다. 기독교 원칙을 궁극적 운명으로 이끌기 위해서는 새로운 민족이 필요했다.

게르만 세계

헤겔이 로마 제국의 몰락에서 근대에 이르는 역사적 시대 전체를 뭉뚱그려 '게르만 세계'라고 부르는 것이 의아하게 들릴지도 모르겠다. 그가 쓴 용어는 '게르마니셰(Germanische)'인데, 여기에는 독일뿐 아니라 스칸디나비아, 네덜란드, 심지어 브리튼도 포함된다. 뒤에서 보겠지만 그는 (이탈리아와 프랑스처럼) '게르만'이라는 용어를 적용할 만큼 언어적 · 인종적으로 가깝지 않은 나라들의 발전도 간과하지 않는다. 헤겔이 이 시대를 '게르만 세계'로 규정하는 것에 어느 정도 민족중심주의가 결부되었으리라 생각할 수도 있겠지만, 주된 이유는 그가 종교 개혁을 로마 시대 이후 역사의 단일한 핵심 사건으로 보는 데 있다.

헤겔은 로마의 몰락 이후 천년에 걸친 유럽 역사를 암울하게 묘사한다. 그 시기에 교회는 헤겔이 보기에 참된 종교 정신을 왜곡하여 인간과 영적 세계 사이에 비집고 들어가 신자들에게 맹목적 복종을 강요했다. 중세는 (헤겔의 말을 빌리자면)

"결실은 많았으나 불안했던 긴 밤"이었으며 중세를 끝장낸 르네상스는 "오랜 폭풍 뒤 맨 먼저 맑게 갠 하늘을 알리는 아침 해"였다.〔『역사철학 강의』 396쪽〕 하지만 헤겔이 "태양이 모든 것을 비추"는 근대의 화창한 낮으로 묘사하는 것은 르네상스가 아니라 종교 개혁이다.

종교 개혁의 원인은 교회의 부패였다. 헤겔이 보기에 교회의 부패는 우연한 발전이 아니라 교회가 신성을 순수하게 영적인 것으로 내버려두지 않고 물질세계에 구현한 필연적 결과였다. 전례와 제의를 비롯한 외면적 형식이 그 바탕이며 이를 준수하는 것은 종교 생활에 필수적이라고 간주된다. 그리하여 인간의 영적 요소가 한갓 물질적 사물에 속박된다. 이 뿌리깊은 부패의 궁극적 표현은 가장 세속적인 사물인 화폐를 얻으려고 인간의 가장 깊숙하고 내면적인 본성에 관한 것—죄의 사면으로 얻어지는 영적 평화—을 판매하는 행위다. 물론 헤겔이 말하는 것은 (루터의 저항을 촉발한) '면벌부' 판매다.

헤겔은 종교 개혁을 "단순하고 소박한 심정"에서 비롯된 게르만 민족의 성취로 여긴다. '소박한'과 '심정'은 헤겔에게 종교 개혁의 으뜸음이다. 종교 개혁은 소박한 게르만 수도사 루터에게서 시작되어 게르만 나라들에서만 뿌리를 내렸다. 그 결과는 로마 가톨릭교회의 허례허식을 몰아내고 그것을 인간 개개인의 마음속에 그리스도와의 직접적인 영적 관계가 있다는 관념으로 대체하는 것이었다.

하지만 종교 개혁을 '종교'라는 이름표가 붙은 삶의 고립된 영역에서 벌어진 사건으로 치부하는 것은 헤겔의 견해와 상반될 것이다. 무엇보다 헤겔은 역사 발전의 저마다 다른 측면들이 서로 연관되어 있음을 늘 강조한다. 또한 (앞에서 보았듯) 인간이 영적 본성을 실현하려면 종교 생활만 완벽하게 하는 것으로는 부족하다. 자신이 살아가는 세계를 자유로운 영적 존재에 걸맞은 곳으로 바꿔야 한다. 이렇듯 헤겔은 종교 개혁을 낡은 교회에 대한 공격과 프로테스탄트교의 로마 가톨릭 대체보다 훨씬 큰 사건으로 본다. 종교 개혁에서는 모든 인간이 자신의 영적 본성에 내재한 진리를 인식하고 스스로 구원을 성취할 수 있다고 선언한다. 성경을 해석하거나 전례를 집전할 외부의 권위는 전혀 필요하지 않다. 개인의 양심이야말로 진리와 선함을 판단할 궁극적 기준이다. 이런 주장을 내세우면서 종교 개혁은 "자유로운 정신의 깃발"을 펼치고 "인간은 스스로 자유롭게 될" 운명이라는 기본 원칙을 천명한다.(『역사철학 강의』 401쪽)

종교 개혁 이후로 역사의 역할은 세계를 이 기본 원칙에 맞게 변화시키는 것에 불과했다. 이것은 결코 사소한 임무가 아니다. 모든 인간이 이성의 힘을 발휘하여 진리와 선함을 자유

6. 마르틴 루터(1483~1546).

롭게 판단할 수 있다면 세상은 합리적 기준에 들어맞을 때만 보편적 승인을 얻을 수 있기 때문이다. 따라서 법, 소유, 사회 도덕, 정부, 헌법 등을 비롯한 모든 사회 제도가 이성의 일반 원칙에 맞게 정비되어야 한다. 오직 그때에만 개개인이 자유로운 선택에 의해 이 제도를 받아들이고 지지할 것이다. 오직 그때에만 법, 도덕, 정부는 자유로운 행위자가 강제로 복종해야 하는 자의적 규칙과 권력이기를 그만둘 것이다. 오직 그때에만 인간은 자유로우면서도 자신이 살아가는 세상과 온전히 조화를 이룰 것이다.

모든 사회 제도를 이성의 일반 원칙에 부합시킨다는 이 관념에서는 계몽주의의 분위기가 풍긴다. 모든 것을 이성의 맑고 차가운 빛에 종속시키고 미신이나 세습 특권에 기반한 모든 것을 거부하는 태도는 볼테르와 디드로 같은 18세기 프랑스 사상가들의 신조였다. 계몽주의와 그 속편인 프랑스 혁명은 헤겔의 세계사 서술에서 그다음—이자 거의 마지막—사건이지만, 이에 대한 헤겔의 태도는 종교 개혁의 본질에 대한 그의 언급에서 예상되는 것과는 사뭇 다르다.

헤겔은 프랑스 혁명이 기존 질서에 대한 프랑스 철학자들의 비판 때문에 일어났다는 견해를 받아들인다. 혁명 이전 프랑스의 귀족들은 실질적 권력은 없으면서도 (아무런 합리적 근거도 없이) 어처구니없는 특권을 누리고 있었다. 이렇듯 완전히 비합리적인 상황에 맞서 철학자들의 인권 개념은 스스로를 천명하고 승리를 거뒀다. 이 사건의 중요성에 대한 헤겔의 견해는 의심할 여지가 전혀 없다.

> 태양이 하늘에 있고 혹성이 그 둘레를 돌게 된 이래, 인간이 머리, 즉 사상으로 서고 사상에 따라서 현실을 구축하는 일은 없었다. (…) 이제 비로소 인류는 사상이 정신적 현실을 지배해야 한다고 인식하기에 이른 것이다. 여기에는 그야말로 빛나는 일출이 있다. 사고하는 모든 사람들이 이 시대를 함께 축복하고 있다.〔『역사철학 강의』 426쪽〕

하지만 이 "빛나는 일출"의 직접적 결과는 혁명 세력의 공포 정치였다. 그것은 법적 절차를 거치지 않은 채 권력을 휘두르고 기요틴에 의한 처형을 일삼은 일종의 독재였다. 뭐가 잘못된 것일까? 이들의 잘못은 사람들의 성향을 감안하지 않고 순전히 추상적인 철학 원칙을 실현하려 시도한 것이었다. 이 시도는 이성의 역할에 대한 오해에서 비롯되었다. 이성을 기존 공동체 및 이를 이루는 사람들과 동떨어진 채 적용해서는 안 된다.

그리하여 프랑스 혁명 자체는 실패로 끝났다. 하지만 그 세계사적 중요성은 혁명을 통해 다른 나라, 특히 독일에 전파된 원칙들에 있다. 나폴레옹의 짧은 승리만으로도 독일에서는 권리 조항이 신설되었고 인신의 자유와 소유의 자유가 확립되었으며 국가 공직이 가장 재능 있는 시민에게 개방되었고 봉건적 의무가 철폐되었다. 군주는 정부의 정점으로 남아 있으며 그의 개인적 결정이 최종적 권한을 가지기는 하지만, 확고하게 규정된 법률과 안정된 국가 조직 덕에 군주의 개인적 결정은 (헤겔의 말을 빌리자면) "그다지 커다란 의미를 갖지 않는"다.

세계사에 대한 헤겔의 설명은 이제 자신의 시대에 이르렀으며 그리하여 종점에 도달했다. 그는 자기 책의 첫머리에서 소개한 주제를 문구만 살짝 바꿔 되풀이하고—"세계사란 바로 자유 개념의 발전이[다]"(『역사철학 강의』 434쪽)—자유 개념의 발전이 이제 정점에 이르렀다고 암시하며 마무리를 짓는다. 필요한 것은 개개인이 자신의 양심과 확신에 따라 스스로를 다스려야 한다는 것과 모든 사회적·정치적 제도를 갖춘 현실 세계인 객관적 세계가 합리적으로 조직되어야 한다는 것이었다. 개인이 자신의 양심과 확신에 따라 스스로를 다스리는 것만으로는 충분하지 않다. 이것은 "주관적 자유"에 불과할 것이다. 객관적 세계가 합리적으로 조직되지 않는 한, 자신의 양심에 따라 행동하는 개인은 법과 도덕과 갈등을 빚을 것이다. 따라서 기존의 법과 도덕은 그들을 억압하고 그들의 자

7. 프랑스 혁명의 시발점이 된 1789년 바스티유 감옥 함락.

유를 제한할 것이다. 반면에 객관적 세계가 합리적으로 조직되면 자신의 양심을 따르는 개인은 자유로운 선택에 의해 객관적 세계의 법과 도덕에 맞게 행동할 것이다. 그러면 주관적 차원과 객관적 차원 둘 다에서 자유가 존재할 것이다. 자유에 대한 제약은 사라질 것이다. 개인의 자유로운 선택과 사회 전체의 요구가 완벽히 조화를 이룰 것이기 때문이다. 자유 개념은 현실이 될 것이며 세계사는 목표를 성취할 것이다.

정말이지 극적인 결말이지만, 분명한 의문 하나가 남는다. 도덕과 법을 비롯한 사회 제도의 합리적 조직이란 어떤 모습일까? 참으로 합리적인 국가란 무엇일까? 헤겔은 『역사철학』에서 이 문제를 거의 언급하지 않는다. 당시 독일에 대한 장밋빛 묘사와 자유 개념의 발전이 절정에 이르렀다는 단언은 헤겔이 자신의 나라가 자신의 시대에 합리적으로 조직된 사회의 위치를 달성했다고 믿는다는 뜻일 수밖에 없다. 하지만 그는 이것을 분명하게 밝히는 것은 꺼린다. 근대 독일에 대한 그의 묘사는 너무 짧아서 그가 묘사하는 특정 체제가 왜 이전의 모든 정부 형태보다 더 합리적이라는 것인지 명확히 알기 힘들다.

묘사가 이렇게 짧은 이유는 『역사철학』이 강의록으로 쓰인 인 데 있는지도 모르겠다. 알다시피 대학 강사는 학기말이 되면 시간에 쫓기는 법이니까. 하지만 헤겔이 『역사철학』에서

의도적으로 이 주제에 대해 말을 아꼈을 가능성도 얼마든지 있다. 그것은 『법철학』의 주된 관심사이기 때문이다. 합리적으로 조직되었기에 순수하게 자유로운 공동체에 대한 헤겔의 상을 더 완전히 파악하려면 『법철학』을 들여다보아야 한다.

제 3 장

자유와 공동체

수수께끼

앞에서 보았듯 헤겔은 과거의 모든 사건이 자유라는 목표를 향해 진행되었다고 믿었다. 『역사철학』의 결론부에는 이 목표가 이미 달성되었을지도 모른다는 암시가 담겨 있지만, 헤겔은 프로이센(또는 당시에 존재한 게르만 국가 중 어느 곳이든)을 세계사 3000년의 분투가 낳은 빛나는 결실로 간주해야 하는 근거를 거의 제시하지 않았다. 헤겔이 역사철학을 강의할 당시의 프로이센에서는 폰 슈타인과 폰 하르덴베르크의 자유주의적 개혁이 수포로 돌아간 뒤였다. 프로이센을 지배한 것은 국왕을 비롯한 몇몇 유력 가문이었다. 멀쩡한 의회는 존재하지 않았고 절대다수의 국민은 국정 운영에 대해 발언권이 전혀 없었으며 엄격한 검열이 시행되고 있었다. 어쩌다 헤겔은 이런 사회를 인간 자유의 정점으로 간주하게 되었을까? 독일의 철학자 아르투어 쇼펜하우어가 헤겔을 염두에 두고서 "정부는 철학을 그들의 정부 이익을 도모하기 위한 하나의 수단으로, 학자는 그것을 하나의 장삿거리로 삼고 있다"〔『열린 사회와 그 적들 II』(민음사, 2008) 65쪽〕라고 말한 것은 전혀 놀랍지 않다. 헤겔의 유일한 목표가 "열린 사회에 대항해서 투쟁하는 것과 그리하여 그의 고용주인 프러시아 왕 프리드리히 빌헬름에게 봉사하"는 것이었다고 카를 포퍼가 믿은 것도 마찬가지다.〔『열린 사회와 그 적들 II』 64쪽〕

이 장에서는 헤겔의 자유관에 대한 설명을 시도할 것이다. 내가 성공한다면, 여러분은 헤겔의 동기가 무엇이든 이 주제에 대한 그의 생각을 진지하게 받아들여야 할 것이다. 이 생각은 어떤 사회가 자유롭고 또 어떤 사회가 자유롭지 않다고 말할 때 우리가 종종 떠올리는 가정을 깊숙이 파고들기 때문이다.

앞에서 보았듯 헤겔은 『역사철학』 머리글에서 "세계사란 자유 의식이 앞으로 나아가는 과정"이라고 말한다. 그런데 몇 줄 아래에서 "자유"라는 용어가 "모호하고 끝없이 다양한 의미를 지니는 말"이며 "끝없이 많은 오해와 혼란과 의구심을 유발한"다고 덧붙인다.〔『역사철학 강의』 29쪽〕 애석하게도 그는 더 구체적인 정의를 내리지 않은 채, 세계사를 해석하는 과정에서 자유의 본질적 성격이 드러날 것이라고 말한다. 썩 만족스럽지는 않다. 우리가 『역사철학』을 살펴보면서 헤겔이 생각하는 자유에 대해 감을 잡았을지도 모르지만, 이 감에 따르면 『법철학』에 담긴 헤겔의 분명한 언급들을 규명하는 것이야말로 시급한 과제다.

우선 제목에 대해 한마디해야겠다. 『법철학』의 영어 제목인 '옳음의 철학(Philosophy of Right)'을 들으면 영어권 독자는 옳고 그름에 대한 연구, 즉 윤리학을 떠올린다. 하지만 헤겔의 『법철학』에서 윤리학을 중요하게 다루기는 해도 그 주제는 정치철학에 가깝다. 영어에서 '옳음(Right)'으로 번역된 원래 독일어 단어는 '레히트(Recht)'다. 이것은 '옳음'을 뜻할 수도 있지만, '법'—특정한 법률이 아니라 전체로서의 법—을 비롯한 더 다양한 의미를 떠올리게 한다. 따라서 『법철학』은 윤리학, 법학, 사회, 국가에 대한 헤겔의 철학 개념을 표현한 저작이다. 자유는 언제나 헤겔의 주된 관심사이므로 『법철학』에는 사회적·정치적 영역에서의 자유에 대한 헤겔의 가장 자세한 논의가 담겨 있다. 이 책에서는 다른 주제도 당연히 논의하고 있지만, 자유라는 핵심 개념을 파헤치기 위해 이것들은 건너뛸 것이다.

추상적 자유

친숙한 것에서 출발하는 것이 좋겠다. 이른바 고전적인 자유주의적 자유 개념을 생각해보라. 자유주의자들은 '자유' 하면 대개 제약이 없는 것이라고 생각한다. 남들이 내게 간섭하지 않고 내게 원하지 않는 일을 강제하지 않으면 나는 자유롭다. 나는 하고 싶은 대로 할 수 있을 때 자유로우며 홀로 방치될 때 자유롭다. 이것은 이사야 벌린이 유명한 에세이 「자유의 두 개념Two Concepts of Liberty」에서 '소극적 자유'라 부른 자유 개념이다.

헤겔은 이 자유 개념에 친숙했지만, 벌린을 비롯한 동시대의 여러 자유주의자나 자유지상주의자가 가장 바람직한 형태의 자유로 간주하는 것과 달리 이것을 형식적 또는 추상적 자유로 일컫는다. 이 말은 자유의 형식은 있지만 내용이 없다는 뜻이다. 그는 이렇게 말한다. "흔히 자유란 무엇이든 원하는 것이면 해도 된다는 식으로 여겨지곤 한다. 그렇지만 그러한 표상은 전적으로 사상의 도야가 결여된 것이라고 해야만 하겠다. 거기에는 절대적으로 자유로운 의지나 법 그리고 인륜 등등에 관한 예감조차 깃들어 있지 않다."(『법철학』(한길사, 2008) 92쪽) 헤겔이 이 자유 개념에 반대하는 것은 자유의 출발점이어야 하는 바탕을 개인의 선택에 두기 때문이다. 이 자유 개념을 내세우는 사람들은 이 선택이 어떻게, 왜 이루어지는지 묻지 않는다. 하지만 헤겔은 물음을 던진다. 그의 답은 개인의 선택이—나머지 모든 것과 분리하여 고려했을 때—자의적 상황의 결과라는 것이다. 그러므로 이것은 순수하게 자유로운 것이 아니다.

이것은 독단적 태도로 보인다. 헤겔은 어떻게 감히 우리의 선택이 자의적이고 자신의 선택은 (아마도) 순수하게 자유롭다고 말하는 걸까? 이것은 자신의 가치를 우리에게 강요하려는 노골적 시도에 불과하지 않을까?

그럴지도 모르겠다. 하지만 이와 비슷한 현대의 논쟁을 살펴보면 헤겔이 하려는 말에 좀더 공감할 수 있을 것이다. 어떤 경제학자들은 경제 체제가 얼마나 훌륭히 작동하는지 평가하는 올바른 기준은 사람들이 자신의 선호를 얼마나 만족시킬 수 있는가라고 생각한다. 이 경제학자들은 평가의 출발점이어야 하는 토대가 개인의 선호에 있다고 여긴다. 이 선호가 어떻게 생겨났는지는 묻지 않는다. 여러 선호 중에서 선택을 하고 어떤 선호들에 그 밖의 선호들보다 더 큰 중요도를 부여하는 것은—사람마다 자신의 선호에 저마다 다른 중요도를 부여한다는 것은 논외로 하자—이 경제학자들에 따르면 사람들이 삶에서 진정으로 원하는 것을 결정할 능력을 부정함으로써 자신의 가치를 남들에게 강요하려는 노골적 시도다.

이 경제학자들을 '자유주의 경제학자'라고 부르겠다. 반면

8. 이사야 벌린(1909~1997).

에 자유주의적 경제학자를 비판하는 사람들은 '급진파 경제학자'라고 부를 것이다. 급진파 경제학자들은 개인적 선호를 경제 체제의 유일한 평가 기준으로 삼는 데 합의하기에 앞서 이 선호가 어떻게 형성되었느냐고 묻는다. 그들은 다음과 같은 예를 든다. 정상적인 체취가 당연하게 받아들여지는 사회가 있다고 가정해보자. 인간은 땀을 흘리며 땀이 많은 사람에게서 냄새가 날 수 있다는 사실을 사람들은 좀처럼 의식하지 못하며, 의식해도 개의치 않는다. 그런데 어떤 사람이 땀과 땀내를 억제하는 제품을 개발한다. 흥미로운 발명이기는 하지만, 방금 묘사한 사회에서는 이 제품에 대한 관심이 극히 제한적이다. 그래도 우리의 발명가는 쉽게 포기하지 않는다. 그는 남보다 땀이 많이 나는 사람의 불안감을 자극하는 교묘한 광고를 내보낸다. 광고의 목적은 사람들로 하여금 남들이 자신의 체취를 불쾌하게 여기지 않을까 걱정하도록 하는 것이다. 광고는 성공한다. 사람들에게서 이 신제품에 대한 선호가 생겨난다. 이 제품은 저렴한 가격에 쉽게 구할 수 있기에 사람들은 이 선호를 충족할 수 있다. 자유주의 경제학자의 관점에서는 이 과정에 아무 문제도 없다. 그들은 이런 식으로 경제가 돌아가는 것을 나쁘게 평가할 근거가 전혀 없다고 생각한다. 하지만 급진파 경제학자들은 이것이 말도 안 된다고 생각한다. 이런 불합리를 피하려면 경제학자들이 선호의 토대를 탐구하는 힘든 과제와 맞서야 하며 단순히 아무 선호가 아니라 진정한 인간적 필요에 바탕을 두었거나 진정한 인간 행복에 기여하는 선호를 충족하는지를 기준으로 경제 체제를 판단해야 한다고 그들은 말한다. 급진파 경제학자들은 우리가 그들의 방법을 받아들이더라도 우리 자신의 평가가 가치중립적이라고 주장할 수 없음을 인정하면서도, 경제 체제를 평가하는 어떤 방법도 가치중립적일 수 없다고 덧붙인다. 자유주의 경제학자들이 쓰는 평가 방법은 기존 선호의 충족을 유일한 가치로 간주했다. 따라서 아무리 객관성의 외피를 두르고 있더라도 이 방법을 쓰는 것 자체에 가치 평가가 내포되어 있다. 사실상 자유주의 경제학자들은 사람들이 선호하는 것에 우연히 영향을 끼치게 되는 상황을 덮어놓고 인정하는 셈이다.

자유를 우리가 바라는 것을 하는 능력으로 정의하는 사람들에 맞서 헤겔이 벌인 논쟁은 이 논쟁과 분명한 유사성이 있다. 자유에 대한 이 소극적 개념은 좋은 경제 체제에 대한 자유주의 경제학자들의 개념과 비슷하다. 이 개념은 우리가 바라는 것을 자유롭게 할 수 있을 때 무엇이 이 '바람'에 영향을 끼치는지 묻지 않는다. 이 자유 개념을 주장하는 사람들은 이런 물음에 대답하는 것, 내용이 아니라 형식에서만 자유로운 선택으로부터 진정으로 자유로운 선택을 가려내는 기준으로 그 대답을 이용하는 것이 자신의 가치를 자유 개념에 주입하는 것이라고 단언한다. 헤겔은 급진파 경제학자와 마찬가지로 소극적 자유 개념이 이미 가치에 바탕을 두고 있으며 그것은 선택을 기반으로 한 행위의 가치라고—그 선택이 어떻게 내려지든, 얼마나 자의적이든—반박할 것이다. 말하자면 소극적 자유 개념은 사람들이 선택하는 방식에 우연히 영향을 끼치게 된 상황을 무턱대고 정당화한다.

새로운 선호를 인위적으로 만들어내어 그 선호의 충족을 통해 어떤 사람들이 이익을 얻는 경제 체제에 이의를 제기하지 않는 것이 터무니없다는 데 동의한다면 여러분은 급진파 경제학자들의 말에 일리가 있다는 데에도 동의해야 한다. 물론 진정한 인간 행복에 이바지하는 선호와 그렇지 않은 선호를 구분하는 것은 쉽지 않을 것이다. 합의가 불가능한 것으로 드러날지도 모른다. 그럼에도 이 과제가 힘들다는 사실은 결코 모든 선호를 액면가로 받아들일 이유가 되지 못한다.

급진파 경제학자들의 말에 일리가 있다는 데 동의하는 사람은 한발만 더 내디디면 헤겔의 말에 일리가 있다는 데에도 동의할 수 있다. 실은 한 발짝도 내디딜 필요가 없다. 헤겔은 급진파 경제학자들의 핵심 논지를 이미 예상했기 때문이다. J. K. 갤브레이스와 밴스 패커드를 비롯하여 산업적 경제를 비판한 수많은 경제학자들이 이 논지를 현대에 유행시켰다. 헤겔은 소비 사회의 태동기에 글을 썼지만, 사태가 어떻게 전개

될 것인지 예리하게 간파했다.

> 영국인이 쾌적한(comfortable)이라고 일컫는 것은 좀처럼 그 속뜻을 알 수 없는 것으로, 밑도 끝도 없이 그렇게 일컬어지는 것이다. 왜냐하면 아무리 쾌적하다고 해도 이는 다시금 어떤 불편함을 드러낼 수 있어서, 그 편리함을 따지고 들면 끝이 없는 노릇이기 때문이다. 이런 점에서 욕구라는 것은 직접 그 무언가를 욕구하는 사람들에 의해 안출(案出)된다기보다는 오히려 그 욕구가 생겨남으로 해서 이득을 얻으려는(durch sein Entstehen einen Gewinn suchen) 사람들에 의해 안출된다.〔『법철학』 370쪽〕

이 문장은 『법철학』에서 이른바 '욕구의 체계'를 들여다보는 부분에 실려 있는데, 바로 앞에서 헤겔은 애덤 스미스, J. B. 세(Say), 데이비드 리카도 같은 고전파 자유주의 경제 이론의 대가들을 언급한다. 이 욕구의 체계에 대한 헤겔의 비판을 보면 그가 자유주의 경제학적 사회관에 반대한 근거를 오늘날 급진파 경제학자들이 기본적으로 받아들였음을 알 수 있다. 그 배후에는 헤겔의 꾸준한 역사적 관점이 놓여 있다. 그는 우리의 욕구와 욕망이 우리가 살아가는 사회에 의해 빚어지며 이 사회가 역사적 과정의 한 단계에 있음을 결코 간과하지 않는다. 그렇기에 추상적 자유, 즉 내키는 대로 할 자유는 사실상 우리 시대의 사회적·역사적 힘에 의해 조종되는 자유인 셈이다.

지금 보면 헤겔의 견해는 소극적 자유 개념에 대한 비판으로서 충분히 합리적으로 보인다. 하지만 헤겔의 원래 의도는 무엇일까? 우리는 모두 특정한 역사적 시대에 특정한 사회에서 살아갈 수밖에 없다. 우리는 모두 우리가 살아가는 사회와 시대에 의해 빚어진다. 그렇다면 자유란 사회적·역사적 힘에 의해 이끌리는 대로 행동할 자유가 아니라면 무엇일 수 있겠는가?

자유와 의무

우리의 욕망 중 일부는 본성의 산물이다. 이를테면 우리는 식량에 대한 욕망을 타고나며 성욕을 발달시킬 잠재력을 타고난다. 그 밖의 많은 욕망은 양육, 교육, 우리가 살아가는 사회, 우리의 환경 일반에 의해 형성된다. 그 기원이 생물학적이든 사회적이든 우리가 이 욕망을 선택하지 않았다는 것은 사실이다. 욕망을 선택하지 않았기에 우리는 욕망에 따라 행동할 때 자유롭지 않다.

이 논증은 헤겔보다는 칸트를 떠올리게 하지만, 헤겔도 어느 정도까지는 이 노선을 견지한다. 좀더 따라가보자. 욕망에 따라 행동하는 것이 자유롭지 않은 것이라면, 욕망을 모조리 없애야만 자유를 얻을 수 있을 것이다. 하지만 그러면 무엇이 남을까? 칸트가 내놓는 답은 이성이다. 행동의 동기는 욕망에서 비롯될 수도 있고 이성에서 비롯될 수도 있다. 욕망을 없애면 우리에게는 순수한 실천적 이성만 남는다.

이성만을 토대로 하는 행동이라는 개념은 이해하기가 쉽지 않다. 어떤 사람의 행동이 합리적이거나 비합리적이라고 쉽게 말할 수는 있지만, 대체로 그 기준은 그 사람의 궁극적 목적이나 목표이며 그 목표의 토대는 욕망이다. 이를테면 나는 젊고 유능한 배우 헬렌이 영화계에 진출하고 싶어한다는 사실을 알기 때문에 그녀가 단것을 너무 많이 먹어서 살이 찌는 것은 비합리적이라고 말할 수 있다. 하지만 헬렌이 영화 스타가 되고 싶어하는 것이 비합리적이라고 생각하느냐는 질문에는 뭐라고 대답할 수 있을까? 이런 욕망은 합리적이거나 비합리적이라기에는 너무 기본적이다. 여성에 대한 엄연한 사실일 뿐이다. 이런 종류의 기본적 욕망을 토대로 하지 않고서 합리성이나 비합리성을 판단할 수 있을까?

칸트는 그럴 수 있다고 말한다. 모든 구체적 욕망을, 심지어 가장 기본적인 욕망까지 없애면 우리에게 남는 것은 합리성의 앙상한 형식적 요소이며 이 앙상한 형식적 요소야말로 도덕법 자체의 보편적 형식이다. 이것이 칸트의 그 유명한 '정언 명령'이다. 칸트는 이렇게 말한다. "나의 준칙이 하나의 보편적 법칙이 되어야 한다고 나 또한 바랄 수 있도록 오직 그렇게 행동해야 한(다)."(『도덕 형이상학을 위한 기초 놓기』(책세상, 2011) 40쪽)

여기서 가장 아리송한 단계는 앙상한 형식적 합리성에서 보편적인 것의 개념으로 나아가는 것이다. 칸트는 이성이 절대적으로 보편적이라고 주장한다(헤겔도 분명히 동의한다). 모든 사람이 죽을 수밖에 없다는 사실과 소크라테스가 사람이었다는 사실을 알면 논리 법칙에 따라 소크라테스가 죽을 수밖에 없었다는 결론이 도출된다. 이렇게 결론 내리는 논리 법칙은 보편 법칙이어서, 그리스인이나 철학자나 (심지어) 지구인만이 아니라 모든 이성적 존재에 적용된다. 하지만 실천 이성, 즉 무엇을 할 것인가에 대한 이성에서는 우리가 (결코 보편적이지 않은) 특정한 욕망에서 출발한다는 사실이 이 보편적 요소를 종종 가린다. 이런 실천 이성 논리를 생각해보라. "나는 부자가 되고 싶다. 나는 들키지 않은 채 고용주에게서 100만 달러를 횡령할 수 있다. 따라서 나는 횡령해야 한다." 이 논리는 부자가 되려는 나의 욕망에서 출발하는데, 이 욕망에는 보편적인 것이 전혀 없다. (부자가 되고 싶어하는 사람이 많다는 사실에 현혹되지 마시길. 이 논리의 출발점이 되는 욕망은 나 피터 싱어가 부자가 되어야 한다는 욕망이다. 이 욕망을 공유하는 사람은 거의 없다.) 이 논리의 출발점에는 보편적인 것이 전혀 없으며 결론에도 보편적인 것이 전혀 없다. 이것은 분명히 모든 이성적 존재에게 적용되지 않는다. 하지만 특정한 욕망에서 출발하지 않은 채로 무엇을 할 것인지 논증하기로 한다면, 우리의 논리가 모든 이성적 존재에 적용되지 못할 이유는 전혀 없다. 특정한 욕망과 독립적인 순수한 실천 이성은 이성의 보편적 요소를 구현할 수밖에 없다. 따라서 순수 실천 이성은 정언 명령에서 규정하는 형태를 취하리라는 것이 칸트의 주장이다.

칸트가 옳다면 태생적으로나 사회적으로 조건화된 욕망의 결과가 아닌 유일한 종류의 행위는 정언 명령에 부합하는 행위다. 따라서 정언 명령에 부합하는 행위만이 자유로울 수 있다. 자유로운 행위만이 참된 도덕적 가치를 가질 수 있으므로 정언 명령은 이성의 최고 명령이어야 할 뿐 아니라 도덕의 최고 법이어야 한다. 이제 마지막으로 점 하나만 찍으면 그림이 완성된다. 내 행위가 자유롭다면 정언 명령에 부합하도록 행동하려는 나의 동기는 내가 우연히 가지게 되는 특정한 욕망일 수 없다. 따라서 그 동기는 천국에 가거나 친구들에게서 신망을 얻으려는 나의 욕망일 수도 없으며 남에게 착한 일을 하려는 선한 욕망일 수도 없다. 내 동기는 이성과 도덕의 보편법에 부합하도록—오로지 그것만을 위해—행동하는 것이어야 한다. 의무를 행해야 하는 것은 의무이기 때문이다. 칸트의 윤리는 "의무를 위한 의무"라는 구호로 종종 요약된다. 칸트의 말에서 도출되는 결론은 우리가 의무를 위한 의무를 다할 때 자유로우며 그렇지 않으면 자유롭지 않다는 것이다.

그리하여 우리는 자유가 의무를 행하는 데에 있다는 결론에 이르렀다. 요즘 독자들에게 이 결론은 역설적이다. '의무' 하면 군대와 가족 같은 체제의 관습적 규칙을 따르는 것이 연상되기 때문이다. 의무를 행한다는 말은, 웬만하면 안 하고 싶지만 (거역하기 꺼림칙한) 관습적 규칙 때문에 어쩔 수 없이 해야 할 것만 같은 일을 한다는 뜻이다. 이 의미에서의 '의무'는 자유와 정반대다.

자유가 의무를 행하는 데 있다는 결론이 역설적 분위기를 풍기는 근거가 이것이라면 우리는 이것을 배제해야 한다. 칸트의 결론은 우리가 가장 넓은 의미에서 정말 의무로 여기는 일을 하는 데 자유가 있다는 것이었다. 요즘 독자들이 더 쉽게 받아들일 수 있도록 표현하자면, 자유는 양심을 따르는 데 있다. 이것은 칸트의 의미를 정확하게 포착한다. 단, 여기서 '양심'이 사회적으로 조건화되고 내가 우연히 가지게 된 '내면의 목소리'를 뜻하지 않음에 유의하라. 이 양심의 바탕은 정언 명령을 최고의 도덕법으로서 이성적으로 받아들이는 것이다. 이렇게 표현하더라도 우리가 지금까지 도달한 결론이 여전히 미심쩍기는 하지만, 더는 역설적으로 보이지는 않는다. 하긴 양심의 자유는 우리가 자유로 간주하는 것의 (전부는 아닐지라도) 본질적 부분으로 널리 인정되니 말이다.

이제 헤겔에게 돌아갈 때다. 내가 칸트의 입장이라고 서술한 것은 대부분 헤겔의 입장이기도 하다. 태생적이거나 사회적으로 조건화된 특정 욕망에 따라 행동할 때 우리는 자유롭지 않다는 것, 이성이 본질적으로 보편적이라는 것, 보편적인 것에서 자유를 찾아야 한다는 것—이 모든 것을 헤겔은 칸트에게서 취하여 자신의 것으로 삼는다. 게다가『역사철학』에서 보았듯 헤겔은 종교 개혁이 자유의 새 시대를 부르는 여명이라고 생각한다. 개인 양심의 권리를 주창한다는 이유에서다. 따라서 헤겔은 칸트와 마찬가지로 자유와 개인 양심의 발전 사이에 연관성이 있다고 생각한다. 자유가 의무를 행하는 데 있다는 생각에도 반대하지 않는다. 헤겔에 따르면 의무는 자연적이거나 자의적인 욕망을 제약하는 것으로 보이지만, 사실은 "개인은 오히려 의무를 걸머지는 데서 스스로 해방을 누린다. 여기서 해방은 한편으로는 한낱 자연적 충동에 얽매여 있는 상태(…)로부터의 해방을 뜻한다. 의무를 걸머지는 데서 개인은 실체적인 자유로 해방된"다.(『법철학』 309쪽) 헤겔은 칸트를 직접 거론하며 이렇게 말한다. "나는 의무를 행하는 가운데 나 자신과 더불어 있으며 자유인 것이다. 의무의 이러한 의의를 돋보이게 한 것이 바로 칸트의 실천 철학이 이룩한 공헌이

며 고차원의 입장이다."(『법철학』 261쪽)

그렇다면 헤겔이 보기에 의무를 위한 의무를 행하는 것은 바라는 것을 행한다는 소극적 자유 개념에서 진일보한 것이다. 하지만 헤겔은 칸트의 입장에 만족하지 못한다. 그는 칸트의 입장에 긍정적 요소가 있음을 보지만, 그와 동시에 가장 신랄한 비판자이기도 하다. '도덕'이라는 제목의 『법철학』 2부는 대부분이 칸트의 윤리 이론에 대한 공격이다.

헤겔의 반론은 크게 두 가지다. 첫째 반론은 칸트의 이론이 우리가 무엇을 해야 하는가를 결코 구체적으로 다루지 않는다는 것이다. 이것은 칸트가 그런 실천적 문제에 관심이 없어서가 아니라, 어떤 특정한 동기로부터도 자유로운 순수 실천 이성이 도덕의 기반이 되어야 한다는 것이야말로 그의 전체 이론이 주장하는 바이기 때문이다. 그러므로 칸트 이론은 앙상한 보편적 형태의 도덕법만을 제시할 수 있을 뿐 우리의 구체적 의무가 무엇인지는 알려줄 수 없다. 이 보편적 형태는 한낱 무모순의 원칙일 뿐이라고 헤겔은 말한다. 출발할 지점이 없다면 어디에도 갈 수 없다. 이를테면 소유권이 정당하다고 인정한다면 절도는 모순이지만, 소유권이 권리를 발생시킨다는 것을 부정하면 절도는 전혀 모순되지 않는다. "스스로와 모순되지 않도록 행동하라!"라는 명령이 우리가 따라야 할 유일한 행동 지침이라면 우리는 아무것도 할 필요가 없다.

9. 강의중인 헤겔.

칸트의 정언 명령에 대한 이 반론은 칸트 연구자뿐 아니라 현대 도덕철학에 관심이 있는 사람들에게도 친숙할 것이다. 도덕 원칙이 형식상 보편적이어야 한다는 요건이 중요하다는 것은 지금도 많은 사람들이—이를테면 『자유와 이성Freedom and Reason』과 『도덕 사유』를 쓴 R. M. 헤어—주장하는 바이며 이 요건이 우리에게 아무것도 알려주지 않는 공허한 형식주의라는 반론도 여전히 곧잘 제기된다. 칸트를 옹호하는 쪽에서는 그를 다음과 같이 해석하라고 주장했다. 우리가 욕망에서 출발할 수는 있지만 그에 따라 행동하려면 이 욕망을 보편적 형식에 대입할 수 있어야 한다는—즉, 비슷한 상황에 처한 모든 사람이 행위의 적절한 토대로 받아들일 수 있어야 한다는—것이다. 헤겔은 이 해석을 예상하여, 어떤 욕망이든 보편적 형식에 대입할 수 있다고 주장하며 그에 따라 특정 욕망의 도입이 허용되면 보편적 형식의 요건으로는 우리가 선호하는 어떤 부도덕한 행위든 그 행위가 정당화되는 것을 막지 못한다고 말한다.

칸트에 대한 헤겔의 둘째 주된 반론은 칸트의 입장이 인간을 스스로에게 맞세워 분열시키고 이성을 욕망과의 영원한 갈등 속에 가두고 인간의 자연스러운 측면으로 하여금 만족할 권리를 전혀 가지지 못하도록 한다는 것이다. 칸트에 따르면 우리의 타고난 욕망은 억압되어야 할 것에 불과하며, 그는 욕망을 억압하는 (불가능하지는 않을지라도) 고된 과업을 이성에 부과한다. 앞에서 보았듯 헤겔의 반론은 『미학 편지』에서 실러가 제기한 비판을 차용한 것이지만, 헤겔은 실러의 비판을 나름의 방식으로 변용했다.

이 논점은 현대 윤리학의 또다른 친숙한 문제에 대입할 수 있다. 칸트의 윤리학에 대한 헤겔의 둘째 주된 반론은 칸트가 도덕과 자기이익의 대립에 대해 어떤 해결책도 제시하지 못한다는 것이다. 칸트는 "나는 왜 도덕적이어야 하는가?"라는 물음을 대답되지 않은 채로, 또한 영원히 대답될 수 없도록 내버려둔다. 칸트는 우리에게 의무를 위한 의무를 행해야 한다고, 그 밖의 어떤 이유를 추구하는 것은 도덕이 요구하는 순수하고 자유로운 동기에서 벗어나는 것이라고 말하지만, 이것은 결코 대답이 아니다. 문제 제기를 차단하는 것일 뿐이다.

『미학 편지』에서 실러는 이 물음이 제기되지 않던 시절, 도덕이 좋은 삶의 관습적 이상과 분리되지 않던 시절, 칸트적 의무 관념이 없던 시절을 언급했다. 헤겔은 이 물음이 일단 제기되었으면 관습적 도덕으로 돌아가는 것은 불가능함을 간파했다. 어쨌든 그는 칸트의 의무 관념을 일컬어 개탄할 필요 없는 진보로 여겼다. 편협한 관습적 지평에 사로잡힌 그리스인들에게는 불가능한 방식으로 근대인을 자유롭게 했기 때문이다. 헤겔이 하려던 일은 그리스적 생활 형태의 자연적인 만족을 칸트적 도덕 개념의 자유로운 양심과 통합하는 방식으로 이 물음에 답하는 것이었다. 그와 동시에 그의 대답은 칸트 이론의 (또다른 주된 결함인) 내용의 완전한 부재에도 해결책을 제시할 터였다.

유기적 공동체

헤겔은 개인적 만족을 유기적 공동체의 사회적 기풍에 부합하는 자유와 통일하고 싶어한다. 그가 염두에 둔 공동체는 어떤 것이었을까?

19세기 말을 앞두고 영국의 철학자 F. H. 브래들리는 헤겔의 유기적 공동체 개념을 받아들였다. 그는 헤겔만큼 독창적인 사상가는 아니었을지 모르지만 글솜씨는 확실히 헤겔보다 한 수 위였다. 브래들리는 사적 이익과 공적 가치가 조화를 이루기 위한 토대를 설명했는데, 나는 이것으로 헤겔에 대한 설명을 대신하고자 한다. 브래들리는 아동이 공동체에서 성장하는 발달 과정을 이렇게 묘사한다.

> 어린이는…… 태어나서…… 생활의 세계 속에 편입되어가며 (…) 어린이는 자신의 분할된 자아에 대해 생각조차 하지 않는다. 그는 자신의 주위의 세계와 함께 성장하여 정신을 충족시키

며, 또 마음을 정리한다. 그가 세계로부터 자기 자신을 분리시키는 것이 가능하고, 또 그 자신이 세계로부터 분리되는 것을 인지할 때, 그의 자아, 그의 자기의식의 대상은 타인의 존재에 의해 커다란 영향을 받고 감화되며 특징화된다. 그 내용은 공동체의 다양한 성질의 관계 속에 포함되어 있다. 그는 말하는 법을 배우고 있든가 혹은 이미 배웠고, 이것에 의해 그는 자신의 민족의 유산을 자기 것으로 소화한다. 그리고 이 언어는 그의 마음에 민족의 사상과 정서를 가져다주며, 그것들을 확고하게 마음속에 심어준다. 그는 세상 일반의 모범적인 것이나 관행 속에서 성장한다. 그의 가슴속의 혼은 유화(宥和)되고, 충족되고, 수정되고 또 동화되며, 스스로의 본질을 파악하고 거기에서 자기를 구축한다. 그것은 보편적 생명과 전적으로 동일하다. 만일 그가 그것의 적으로 된다면 그는 스스로에 대한 적으로 되는 것이나 마찬가지다.〔『헤겔 정신현상학 입문』(한마당, 1987) 104쪽〕

브래들리의, 또한 헤겔의 논점은 우리의 욕구와 욕망을 사회가 빚기 때문에 유기적 공동체가 자신에게 가장 유리한 욕망을 조장한다는 것이다. 게다가 구성원들에게 그들 자신의 정체성이 공동체의 일원인 데 있다는 생각을 불어넣어 자신의 사적 이익을 추구하느라 공동체에서 이탈하지 않도록 한다. 이것은 내 몸이라고 하는 유기체의 한 부분—이를테면 내

왼팔—이 내 입에 음식을 넣는 것보다 나은 할일을 찾아서 어깨로부터 떨어져나갈 생각을 하지 않는 것과 같다. 유기체와 그 부분들의 관계가 상호적이라는 사실도 잊어서는 안 된다. 내게는 왼팔이 필요하고 왼팔에는 내가 필요하다. 내가 왼팔의 부상을 외면하지 않듯 유기적 공동체는 구성원의 이익을 외면하지 않는다.

이 유기적 공동체 모형을 받아들일 수 있다면, 우리는 이것이 개인의 이익과 공동체의 이익 사이에 놓인 고대의 갈등을 해소할 것임을 인정할 것이다. 하지만 이것이 어떻게 자유를 보전한다는 말인가? 관습을 따르는 옹졸한 태도를 보여줄 뿐 아닌가? 종교 개혁으로 인해 전면에 등장하고 칸트의 의무 개념에서 (일방적이기는 하지만) 포착된 본질적 인간 자유 원칙이 (헤겔이 보기에) 결여된 그리스 공동체와는 무엇이 다른가?

헤겔의 공동체에 속한 시민이 그리스 도시 국가의 시민과 다른 이유는 그들이 다른 역사적 시기에 속하며 로마, 기독교, 종교 개혁의 성취를 지적 유산으로 받은 데 있다. 그들은 자유를 행사할 능력과 자신의 양심에 부합하도록 결정을 내릴 능력이 자신에게 있음을 안다. 관습을 내세워 규칙을 따르라고 요구하는 관습적 도덕은 자유롭게 생각하는 존재에게 복종을 명령할 수 없다. (앞에서 보았듯 소크라테스의 물음은 아테네 공동체의 기반에 대한 치명적 위협이었다.) 자유롭게 생각하는 존재는

10. F. H. 브래들리(1846~1924).

합리적 원칙에 부합한다고 판단되는 제도에만 충성할 수 있다. 따라서 현대의 유기적 공동체는 고대의 공동체와 달리 이성의 원칙을 토대로 삼아야 한다.

『역사철학』에서 우리는 사람들이 비합리적 제도를 무너뜨리고 순전히 합리적인 원칙을 바탕으로 새로운 국가를 세우려 했을 때 어떤 일이 벌어졌는지 보았다. 프랑스 혁명의 지도자들은 이성을 순수하게 추상적이고 보편적인 의미에서 이해했다. 이 이성은 공동체의 타고난 성향을 용납할 수 없었다. 칸트가 순수하게 추상적이고 보편적인 의무 관념을 내세우면서 인간의 자연적 측면을 용납하지 않아 잘못을 저질렀다면 프랑스 혁명은 정치 분야에서 똑같은 잘못을 저질렀다. 군주제와 더불어 모든 귀족적 특권이 철폐된 것은 이 순수한 합리주의에 따른 결과다. 기독교는 이성 숭배로 대체되었으며 낡은 도량형은 더 합리적인 미터법에 자리를 내줬다. 심지어 역법도 개혁되었다. 그 결과는 공포 정치였다. 공포 정치 아래에서는 앙상한 보편성이 개인과 갈등하고 그의 존재를 부정한다. 다른 말로 하자면, 국가가 개인을 적으로 취급하여 죽인다.

프랑스 혁명의 실패는 그로 인해 고통을 겪은 사람들에게 재앙이었지만, 여기에는 중요한 교훈이 있다. 그것은 참으로 합리적인 토대 위에 국가를 건설하려면 모든 것을 깡그리 무너뜨리고 백지에서 시작하려 들면 안 된다는 것이다. 우리는 기존 세계에서 합리적인 것을 찾아야 하며 그 합리적 요소가 최대한 온전히 발현될 수 있도록 해야 한다. 이렇게 하면 공동체에 이미 존재하는 이성과 덕을 토대로 삼을 수 있다.

헤겔이 프랑스 혁명을 영광스러운 실패로 여긴 이유와 그가 우리에게 주려던 교훈을 보여주는 현대의 우화가 있다. 사람들이 처음 도시에 살기 시작했을 때 도시 계획을 구상한 사람은 아무도 없었다. 사람들은 그저 가장 편리해 보이는 곳에 집과 상점과 공장을 지었으며 도시는 마구잡이로 뻗어나갔다. 그러다 누군가 이렇게 말했다. "이거 안 되겠어! 우리 도시가 어떤 모습이어야 할지 생각도 안 하고 있잖아. 우리 삶을 우연이 지배하고 있다고! 누군가 우리 도시를 계획하고 아름다움과 좋은 삶의 이상에 맞게 바꾸도록 해야 해." 그리하여 도시 계획가들이 찾아와 옛 시가지를 헐고는 매끈한 고층 아파트를 세우고 주변에 녹지를 둘렀다. 도로를 넓히고 직선화했으며 널찍한 주차장 한가운데에 쇼핑센터를 지었다. 공장은 주택가와 떨어져 있도록 신중하게 배치했다. 그런 다음 도시 계획가들은 편안히 앉아 사람들이 감사하기를 기다렸다. 하지만 사람들은 고층 아파트에 있으면 열 층 아래 잔디밭에서 아이들 노는 모습이 보이지 않는다고 불평했다. 동네 구멍가게가 없어졌다고, 푸른 잔디밭까지, 주차장에서 쇼핑센터까지 걸어가기가 너무 멀다고 불평했다. 모두가 차를 몰고 출근해야 하는 탓에 넓고 곧은 신작로조차도 차량으로 붐빈다고 불평했다. 무엇보다 이제 아무도 걸어 다니지 않는다고, 골목은 안전하지 않은 곳이 되었다고, 녹지를 좋아하는 사람들은 해 진 뒤에 다니기가 위험해졌다고 불평했다. 그리하여 기존 도시 계획가들은 퇴출되었으며, 선배들의 실수에서 교훈을 얻은 새로운 세대의 도시 계획가들이 영입되었다. 새 도시 계획가들이 맨 처음 한 일은 구시가지 철거에 제동을 건 것이었다. 이들은 낡고 무계획적인 도시의 긍정적인 측면에 주목했다. 좁고 구불구불한 골목의 다채로운 풍경을 존중했으며 상점과 주택가와 (심지어) 작은 공장들이 어우러져 있는 것이 얼마나 편리한지 알아차렸다. 보도가 교통량을 억제한다는 사실을 알고는 걷기를 유도했으며 도심을 활기차고 안전한 곳으로 만들었다. 계획되지 않은 옛 도시를 무작정 우러러본 것은 아니었다. 정비할 것도 몇 가지 있었다. 꺼림칙한 시설은 주택가에서 멀리 떨어진 곳으로 옮겼으며 낡은 건물 중 상당수는 보수하거나 주변 환경에 어울리는 새 건물로 교체했다. 하지만 새 도시 계획가들이 알아낸 사실은 옛 도시가 제 역할을 해냈다는 것이다. 이 부분은 그대로 유지해야 했다(보수가 필요할 수는 있겠지만).

계획되지 않은 옛 도시는 관습을 토대로 삼아 성장한 고대 공동체와 같다. 첫 세대의 도시 계획가들은 현실에 합리성을 도입하려고 안달한 프랑스 혁명가들을 닮은 반면에 다음 세대의 도시 계획가들은 진정한 헤겔주의자로, 이들은 과거를 거울삼아 더 현명해졌으며 의도적 계획보다는 현실적 적응의 결과인 세상에서 합리성을 찾고자 했다.

이제 우리는 현대의 자유 시민이 (언뜻 보기에는) 고대 세계의 관습 기반 공동체와 별반 달라 보이지 않는 공동체에 충성하는 이유를 알 수 있다. 이 자유 시민은 공동체가 토대로 삼는 합리적 원칙을 이해하기 때문에 자유로운 선택에 따라 공동체에 봉사한다.

물론 현대의 합리적 공동체와 고대 그리스의 공동체 사이에는 차이점이 있다. 현대는 모든 인간이 자유로움을 알기 때문에 노예제를 철폐했다. 노예제가 없으면 시간을 많이 잡아먹는 아테네식 민주주의는 현실성이 없다는 것이 헤겔의 생각이다. 헤겔은 보통 선거권으로 구현되는 대의 민주주의도 대수롭게 여기지 않았다. 한 가지 이유는 (헤겔이 보기에) 개인이 대변될 수 없기 때문이며—헤겔은 "사회의 본질적인 영역"과 "넓은 의미에서 그 영역의 이해"(『법철학』 549쪽)만이 대변되기에 알맞다고 말한다—또 한 가지 이유는 보통 선거라는 제도하에서 개개인의 표는 거의 무의미하기에 선거에 대한 무관심이 팽배할 뿐 아니라 특수 이익을 추구하는 소수 집단이 권력을 차지한다는 것이다.

합리적 공동체는 입헌 군주제라고 헤겔은 말한다. 군주제

11. 계획 공동체.

가 필요한 이유는 최종 결정을 내릴 권한이 어딘가에는 있어야 하며 자유로운 공동체에서는 이 권한이 사람의 자유로운 결정으로 표현되어야 하기 때문이다. (그리스 공동체에서 까다로운 사안을 최종적으로 해결해야 할 때 공동체 외부의 힘인 신탁에 곧잘 기댄 것과 비교해보라.) 다른 한편으로 체제가 안정적이면 군주는 서명하는 것 말고는 할일이 거의 없다고도 헤겔은 말한다. 그래서 군주의 개인적 기질은 중요하지 않으며 그의 주권은 동양 전제 군주의 변덕스러운 통치와는 다르다. 입헌 군주제의 또다른 요소는 행정부와 입법부다. 행정은 공무원으로 이루어진다. 공직에 오르기 위한 유일한 객관적 자격 조건은 능력을 입증하는 것이지만, 적합한 후보가 여러 명이고 그들의 상대적 능력을 정확히 판정할 수 없을 때는 주관적 판단을 동원해야 하는데 이런 결정이 바로 군주의 임무다. 그렇기에 행정부 임명권은 군주의 몫으로 남는다. 입법부는 헤겔의 대의제 개념에 부합하도록 양원으로 구성되는데, 상원은 지주 계급으로 이루어지고 하원은 상인 계급으로 이루어진다. 하지만 하원에서 대변되는 것은 기업과 직능 조합 같은 '넓은 의미에서 그 영역의 이해'이지 시민 개개인이 아니다.

내가 헤겔의 합리적 공동체를 꼼꼼히 설명하지 않은 것은 21세기 독자들에게 그의 지론이 구닥다리로 보일 뿐 아니라 그의 주장이 이후의 경험에 의해 종종—늘 그런 건 아니지

12. 무계획 공동체.

만—오류로 판명 났기 때문이다. 헤겔의 자유 개념만 놓고 보자면 그가 어떤 체제를 선호하는가는 중요하지 않다. 이젠 분명해졌겠지만 헤겔이 말하는 자유는 인민 주권이 자유로운 사회의 본질적 요소라는 정치적 의미에서의 자유가 아니다. 그의 관심사는 더 심오하고 형이상학적인 의미에서의 자유다. 헤겔이 관심을 두는 자유는 다른 사람이나 자신의 타고난 욕망이나 사회적 조건에 의해 강요받지 않고서 선택한다는 의미에서의 자유다. 앞에서 보았듯 헤겔은 이런 자유가 존재하려면 우리가 합리적으로 선택해야 하며 우리가 합리적으로 선택하려면 보편적 원칙에 따라 선택해야 한다고 믿는다. 이 선택이 우리에게 걸맞은 만족을 가져다준다면 보편적 원칙은 합리적 노선을 따라 구성된 유기적 공동체에서 구체화되어야 한다. 이런 공동체에서는 개인의 이익과 전체의 이익이 조화를 이룬다. 내가 의무를 선택하는 것이 자유로운 선택인 것은 내가 합리적으로 선택하기 때문이며, 나는 보편성의 객관적 형태, 즉 국가에 봉사함으로써 자아실현을 달성한다. 게다가—여기에 칸트 윤리학의 둘째 중대 결함에 대한 치유책이 있는데—보편법은 국가의 구체적 제도에 구현되어 있기에 추상적이거나 공허하지 않다. 보편법은 내 지위에 맞는 구체적 임무와 공동체 내에서의 역할을 내게 처방한다.

우리는 합리적으로 조직된 공동체에 대한 헤겔의 묘사를

거부해도 무방하지만, 그래도 그의 자유 개념이 타당하다는 사실은 달라지지 않는다. 헤겔이 묘사하고 싶었던 공동체는 개인의 이익과 전체의 이익이 조화를 이루는 곳이었다. 그가 실패하더라도 다른 사람이 모색을 이어가면 된다. 아무도 성공하지 못한다면, 아무도 성공하지 못할 것임을 우리가 마침내 받아들인다면, 우리는 헤겔적 의미에서의 자유가 존재할 수 없음을 인정해야 할 것이다. 설령 그렇더라도 유일하게 진정한 형태의 자유를 서술했다는 헤겔의 주장은 무효가 되지 않는다. 이 형태의 자유는 여전히 이상으로서의 역할을 할 수 있기 때문이다.

자유주의? 보수주의? 전체주의?

이 장은 수수께끼에서 출발했다. 역사의 목표로 삼을 정도로 자유를 강조하는 헤겔이 어쩌다 자기 시대의 독재적 독일 사회에서 그 자유가 성취되었다고 주장할 수 있었을까? 그는 자유의 의미를 정반대로 비틀어 통치자에게 잘 보이고 싶어 한 아첨꾼이었을까? 그것도 모자라 자신의 사후 100년 뒤에 독일에서 등장한 전체주의 국가의 지적 대부였을까?

이 수수께끼를 푸는 첫걸음은 사실에 대한 질문을 던지는 것이다. 헤겔이 묘사하는 이상적인 합리적 국가는 단순히 그가 책을 쓰던 당시의 프로이센이었을까? 그렇지 않다. 비슷한 점이 많긴 하지만 중요한 차이점도 있다. 네 가지를 들어 보겠다. 아마도 가장 중요한 차이점은 헤겔의 입헌 군주가 서명 말고는 할 일이 거의 없었던 데 반해 프로이센의 프리드리히 빌헬름 3세는 그보다 훨씬 절대 군주에 가까웠다는 점일 것이다. 둘째 차이점은 프로이센에는 제대로 돌아가는 의회가 하나도 없었다는 것이다. 헤겔의 입법부는, 상대적으로 아무리 무력할지라도 여론이 표현되는 출구 역할을 했다. 셋째, 헤겔은 (매우 분명한 한계가 있긴 했지만) 표현의 자유를 지지했다. 물론 오늘날 기준으로 보면 그는 이 사안에 대해 지극히 반(反)자유주의적으로 보인다. 정부와 관료에 대한 중상, 비방, 모욕, 그리고 "조롱"에 해당하는 것을 이 자유에서 배제했기 때문이다.(『법철학』 558쪽) 하지만 지금 우리가 하려는 일은 오늘날의 기준으로 그를 판단하는 것이 아니라 그가 책을 쓸 당시 프로이센의 상황을 그의 제안과 비교하는 것이다. 『법철학』은 1819년 카를스바트 칙령에서 엄격한 검열을 시행한 지 고작 18개월 뒤에 출간되었으므로 헤겔이 주장한 언론 자유는 당시에 허용되던 것보다 더 너그러웠음이 틀림없다. 넷째, 헤겔은 사법 절차에 시민을 참여시키는 방편으로 배심원 재판을 옹호했지만 당시 프로이센에는 배심원 재판의 권한이 전혀 존재하지 않았다.

이 차이점만 보더라도 헤겔이 자신의 철학을 오로지 프로이센 군주를 기쁘게 하려고 만들어냈다는 혐의에 대해서는 무죄를 선고하기에 충분하다. 하지만 그렇다고 해서 헤겔을 현대적 의미에서의 자유주의자로 인정할 수는 없다. 그가 선거권을 거부하고 언론 자유를 제한한 것만 봐도 알 수 있다. 그는 인민 대표성의 기미를 보이는 것이라면 무엇이든 싫어했는데 급기야 영국 개혁법에 반대하는 글을 썼다. 1832년에 최종 통과된 이 법은 하원 선거에서의 악명 높은 불평등과 폐해를 종식했다(여전히 성인 남성의 대다수가—여성은 말할 것도 없고—선거인에서 배제되기는 했지만).

하지만 헤겔의 자유 개념을 이해하고 나면 이것이 전혀 놀랍지 않다. 헤겔은 보통 선거권이 부여되면 사람들이 물질적 이해관계에 따라, 또는 후보자에 대한 변덕스럽고 (심지어) 종잡을 수 없는 호불호에 따라 투표하리라고 생각했을 것이다. 현대 민주주의의 선거를 목격할 수 있었더라도 생각을 바꾸지는 않았을 것이다. 오늘날 민주주의를 옹호하는 사람들은 대다수 유권자들이 누구에게 표를 줄지 결정하는 행태에 대해서만은 헤겔에게 이의를 제기하기 힘들 것이다. 그들이 헤겔과 다른 점은 (대다수 유권자가 아무리 충동적이거나 자의적일지라도) 선거를 자유 사회의 본질적 요소로 보느냐일 것이다. 헤겔은 충동적이거나 자의적인 선택이 자유로운 행위가 아니라는 근거를 들어 이 견해를 단호히 거부했을 것이다. 우리는 이성에 기반하여 선택할 때만 자유롭기 때문이다. 국가의 전체 방향을 그런 자의적 선택에 부치는 것은 헤겔이 보기에 공동체의 운명을 우연에 맡기는 셈일 것이다.

이것이 과연 헤겔이 전체주의 국가를 옹호한다는 뜻일까? 카를 포퍼는 널리 읽힌 『열린 사회와 그 적들』에서 그렇게 주장했다. 그가 자신의 주장을 뒷받침하려고 인용한 (헤겔의) 문장들은 현대의 자유주의적 독자들을 격분케 하기에 충분하다. 몇 가지만 예를 들어보겠다.

> 국가는 땅 위에 존재하는 신의 관념이다. (…) 그러므로 우리는 국가를 지상에 나타난 신으로 숭배해야 한다. (…) 국가는 세계를 통과하는 신의 행진이다. (…) 국가는…… 자기 자신을 위해서 존재한다.〔『열린 사회와 그 적들 II』 63쪽〕

포퍼가 생각하기에 이 인용문들은 헤겔이 "모든 개인의 도덕성과 양심을 국가의 절대적·도덕적 권위가 다스려야 한"다고 고집했음을 밝히기에, 또한 헤겔이 현대 전체주의의 발전에서 중요한 역할을 했다고 판단하기에 충분하다.

헤겔이 합리성을 자유의 본질적 요소로 강조한 것도 이 해석에 신빙성을 더한다. 하긴 무엇이 합리적인지를 누가 정한

단 말인가? 합리적 선택만이 자유롭다는 신조로 무장한 통치자는 국가의 미래에 대한 자신의 합리적 계획에 반대하는 모든 사람에 대한 탄압을 정당화할 수 있다. 그의 계획이 합리적이라면 이에 반대하는 사람들의 동기는 이성에서가 아니라 이기적 욕망이나 비합리적 충동에서 비롯되었음이 틀림없기 때문이다. 그들의 선택은 이성에 근거하지 않았기에 자유로울 수 없다. 따라서 그들의 신문과 소책자를 탄압하는 것은 언론 자유를 제한하는 것이 아니고, 그들의 지도자를 체포하는 것은 행동의 자유에 간섭하는 것이 아니며, 그들의 교회를 폐쇄하고 더 합리적인 새로운 예배 형식을 만들어내는 것은 종교 자유에 개입하는 것이 아니다. 지도자에게 오도된 가련한 사람들이 이런 조치를 통해 자기네 지도자의 계획이 합리적인지 판단할 수 있게 될 때에만 그들은 진정으로 자유로워질 것이다! 이것이 헤겔의 자유 개념이라면, 히틀러와 스탈린이 자신의 전체주의적 구상을 그토록 효과적으로 구현하려고 동원한 오웰식 이중 화법의 사례를 이보다 더 훌륭히 제시한 철학자가 있던가?

하지만 포퍼의 주장은 보기만큼 탄탄하지는 않다. 첫째, 포퍼의 인용문이 거의 모두 헤겔 자신의 저작에서 발췌한 것이기는 하지만, 이 저작은 헤겔의 강의 내용을 학생들이 받아 적은 것을 그의 사후에 출간한 것으로 편집자는 서문에서 자신이 상당 부분을 고쳐 썼다고 밝혔다. 둘째, 이 사자후 중 적어도 하나는 오역이다. "국가는 세계를 통과하는 신의 행진이다"라는 인용문을 더 정확하게 번역하면 다음과 같다. "국가가 존재하는 것은 세상에 대한 신의 방식이다."(『법철학』 한국어판에서는 "국가가 존재한다는 것은 인간의 세계에서 신이 내딛는 발걸음과도 같〔다〕"(450쪽)로 번역—옮긴이) 이것은 국가의 존재가 어느 의미에서는 신의 계획의 일부라는 주장에 불과하다. 셋째, 헤겔에게 '국가'는 단순히 '정부'를 뜻하는 게 아니라 사회적 삶 전체를 가리킨다. 따라서 그는 사람들에게 대항하여 정부를 신격화하는 것이 아니라 전체로서의 공동체를 언급하고 있는 것이다. 넷째, 이 인용문들은 다른 인용문들로 균형을 맞춰야 한다. 어떤 주제의 한 측면을 극단적 형태로 제시한 뒤에 또다른 측면으로 균형을 맞추는 것은 헤겔이 즐겨 쓰는 수법이기 때문이다. 따라서 앞선 구절들 뒤에는 국가에 대한 헤겔의 언급이 다음과 같이 뒤따른다. "주체적인 자유의 권리(das Recht der subjektiven Freiheit)야말로 고대와 근대를 구별짓는 전환점이며 중심점이다." 헤겔은 계속해서 "무한성"을 지닌 이 권리가 새로운 형태의 문명을 위한 "보편적이고 현실적인 원리"가 되었다고 말한다.〔『법철학』 246쪽〕 뒤에서는 "여기서 문제의 관건은 이성의 법칙과 특수한 개별적 자유의 법칙이 융합되"는 것이라고도 말한다.〔『법철학』 460쪽〕 게다가 헤겔은 "자기의식의 권리라는 면에서 볼 때" 일반에 공지되지 않은 법률은 구속력이 없다고 주장한다.〔『법철학』 397쪽〕 "폭군 디오니시우스처럼 시민이 어느 누구도 읽을 수 없을 만큼 높은 곳에 법률을 모셔놓는다거나 반대로 법률을…… 학술 자료 속에 파묻어버려…… 전문 학자만이 현행법의 지식에 접할 수 있게 해버리는 것은 모두 잘못된 것이다."〔『법철학』 398쪽〕 비슷한 맥락에서 헤겔은 반동적 저술가 폰 할러를 혹독히 비판하는데, "힘이 곧 권리다"라는 폰 할러의 지론은 히틀러에게 썩 어울렸을 것이다. 헤겔은 폰 할러를 이렇게 비판한다. "법률, 즉 법으로 규정된 권리에 대한 증오야말로 광신이나 아둔함이나 선의를 가장한 위선임이 스스로 폭로되면서 평소 그것이 어떤 옷으로 겉치레를 하더라도 그의 정체가 무엇인지 빈틈없이 밝혀지고야 말 부적이나 다름없는 것이다."〔『법철학』 446쪽〕 법의 지배에 대한 이처럼 확고한 옹호론이 비밀경찰과 독재 권력을 휘두르는 전체주의 국가의 토대가 되기란 쉬운 일이 아니다.

헤겔이 국가를 묘사하는 데 쓴 과장된 표현이, 또한 합리적 선택에서 참된 자유를 발견할 수 있다는 그의 개념이 오용되고 왜곡되어 전체주의에 악용될 여지가 크다는 것은 부인할 수 없다. 하지만 그것이 오용이라는 사실 또한 부인할 수 없다. 입헌 군주제, 표현의 자유, 법의 지배, 배심원 재판 등에 대한 그의 견해에서 이를 분명히 알 수 있다. 문제는 헤겔이 이성에 대해 너무—지금은 그런 사람을 거의 찾아볼 수 없을 정도로—진지했다는 것이다. 국가의 책무를 어떻게 가장 합리적으로 처리할 수 있는지에 대해 누군가 말을 꺼내면 우리는 그가 자신의 개인적 선호를 표현하고 있다고 생각한다. 사람마다 선호가 다르며, 무엇이 가장 '합리적'인지에 대해서가 아니라—누구도 이 문제에 대해 말할 수 없으므로—우리가 무엇을 가장 좋아하는지에 대해서 이야기하는 편이 낫다고 우리는 가정한다. 그래서 헤겔이 국가에 대한 '숭배' 운운하거나 합리적 국가에서 자유가 실현된다고 말할 때 우리는 이 발언을 우리가 상상하는 아무 형태의 국가에나 적용하는 경향이 있는데, 이런 독법은 헤겔의 의도와 정반대다. 헤겔이 말하는 '합리적 국가'의 의미는 매우 객관적이고 구체적이다. 그것은 개인이 복종하고 지지하겠다고 실제로 선택한 국가여야 했다. 그들은 원칙에 진정으로 동의했으며 그 일원이 되는 것에서 개인적 만족을 정말로 찾았기 때문이다. 헤겔이 보기에 어떤 합리적 국가도 나치즘적 국가나 스탈린주의적 국가가 국민을 대하듯 자국민을 대할 수는 없었다. 그것은 이율배반이다. 마찬가지로, 국가 이익이 개인 권리와 갈등하여 이를 무자비하게 짓밟으리라는 위협은 헤겔의 합리적 국가에서는 개인의 이익과 집단의 이익이 조화를 이룬다는 사실을 우리가 깨닫는 순간 힘을 잃는다.

이 모든 논리 앞에서 아마도 현대 독자는 "그렇긴 하지만……"이라고 대꾸할 것이다. '그렇다'는 헤겔 자신이 전체주의를 옹호하지는 않았다는 뜻이고, '하지만'은 (이 해석에 따르면) 인간이 조화를 이룰 가능성에 대해 헤겔이 유난히 낙관적이었다는 뜻이다. 자신이 묘사한 종류의 국가에서 그런 조화가 존재할 수 있다고 믿었다면 헤겔은 더더욱 유난히 현실과 동떨어졌을 것이다.

후자의 비판은 반박할 여지가 없는 듯하다. 국가에 대한 헤겔의 발언을 옹호할 수 있으려면 그가 염두에 둔 합리적 국가는 그의 시대에 존재한 어떤 국가와도—이 문제만 놓고 보자면 그 뒤로 존재한 어떤 국가와도—사뭇 달라야 한다. 하지만 그가 묘사한 국가는 그 자신의 시대에 존재한 국가와 유의미하게 달랐을지는 몰라도 본질적으로 다르지는 않았다. 가장 그럴듯한 설명은 헤겔이 너무 보수적이어서—아니면 너무 신중해서—특정한 정치 체제하에서 살아가고 가르치면서도 그 체제로부터 본질적으로 거리를 두고 싶어했다는 것이다. 헤겔의 유일한 목표가 프로이센 왕을 기쁘게 하는 것이었다는 말은 명백히 틀렸지만, 프로이센 왕의 분노를 면하기 위해 자신의 기본적 정치 이론에서 도출되는 급진적 비판을 얼버무렸다고 말하는 것은 타당할지도 모른다.

하지만 인간의 조화에 대한 헤겔의 관점에 대해 이야기해야 할 것이 하나 더 있다. 그의 정치철학은 훨씬 폭넓은 철학 체계의 일부에 불과한데, 그 철학 체계에서는 인간 개개인의 통합이 형이상학적 토대를 가진다. 앞의 두 장에서는 헤겔 사상의 역사적·정치적 측면이 그의 저작 전체에서 차지하는 위치를 감안하여 이례적으로 많은 분량을 할애했으니 이제는 더 폭넓은 철학 체계로 들어가보자. 곧 알게 되겠지만, 헤겔 사상의 다른 측면을 들여다보는 것은 헤겔의 역사철학과 정치철학을 더 깊이 이해하는 방법이기도 하다.

제 4 장

정신의 대서사시

'마인드'인가 '스피릿'인가?

털어놓을 때가 왔다. 사실 나는 속임수를 쓰고 있었다. 지금까지 나는 헤겔의 철학을 설명하면서 헤겔 자신이 몇 번이고 중요하게 언급한 개념을 감쪽같이 한 번도 언급하지 않았다. 그것은 **정신**(Geist)이라는 개념이다. 이 개념이 얼마나 중요하냐면 역사를 이끄는 **정신**의 역할에 친숙해지는 것이야말로 『역사철학』의 전체 목표라고 헤겔 자신이 말할 정도다. 따라서 이 개념을 모르고서는 헤겔의 역사관을 온전히 이해할 수 없다. **정신** 개념은 『법철학』에도 나온다. 이를테면 헤겔은 국가를 "객관적 **정신**"으로 일컫는다.(『법철학』 442쪽) 그러므로 앞 장들은 일부러 오해를 자초했다. 내가 할 수 있는 변명은 좋은 뜻에서 그랬다는 것뿐이다. 그것은 헤겔 사상의 기묘하고 종종 모호한 세계에 독자가 쉽게 들어올 수 있도록 하기 위해서였다.

영어권 독자에게 헤겔의 **정신** 개념이 까다로운 것은 무엇보다 번역 때문이다. '가이스트(Geist)'는 독일어에서 흔히 쓰이는 단어이지만 두 가지 별개의—연관성이 있긴 하지만—의미가 있다. 첫째로는 몸과 마음을 구별할 때의 '마인드(mind, 마음)'라는 뜻으로 쓰인다. 이를테면 '정신 질환'은 독일어로 '가이스테스크랑크하이트(Geisteskrankheit)'인데, 말 그대로 '마음의 병'이라는 뜻이다. 하지만 '가이스트'는 '스피릿(spirit, 정신 또는 영혼)'을 뜻하기도 한다. 그래서 '시대정신'은 '데어 차이트가이스트(der Zeitgeist)'이며 성부, 성자, 성령 삼위일체 중 제삼위인 '성령'은 '데어 하일리게 가이스트(der Heilige Geist)'다. 헤겔은 '가이스트'를 어떤 구절에서는 '마인드'라는 뜻으로 쓰고 다른 문맥에서는 '스피릿'이라는 뜻으로 쓰며 또 다른 경우에는 두 가지 의미를 뭉뚱그려 쓰기도 한다. 그러니 번역가로서는 두 배로 골머리를 썩일 수밖에 없다.

이 불가능한 상황에서 번역가가 선택할 수 있는 방법은 세 가지다. '마인드'로 통일하는 것, '스피릿'으로 통일하는 것, 그때그때 문맥에서 가장 알맞은 단어로 번역하는 것. 셋째 방법은 처음부터 배제했다. 헤겔의 다양한 저작에서 '가이스트'의 저마다 다른 측면이 언급되기는 하지만 모두가 똑같은 것을 가리킨다는 사실이 헤겔에게는 명백히 중요하기 때문이다. 나는 이 책의 집필을 시작할 때는 '스피릿'을 써야겠다고 마음먹었다. 헤겔의 최근 번역본 중 사실상 전부가 이 단어를 선택했기 때문이다. 하지만 헤겔 전문가가 아닌 독자도 이해할 수 있도록 헤겔을 소개하려는 노력을 하면 할수록 '스피릿'을 쓰는 것은 '가이스트'가 헤겔에게 실제로 어떤 의미였는가라는 문제에 대한 선입견을 영어권 독자에게 심어주리라는 확신이 들었다. 영어에서는 '시대정신(spirit of the age)'과 '단체정신(team spirit)' 같은 특수 용법을 제외하면 '스피릿'이라는 단어는 종교적이거나 신비주의적인 뉘앙스를 풍길 수밖에 없다. 스피릿은 영응반(靈應盤. 신비 의식에서 영계로부터 전갈을 받기 위하여 표면적으로 사용하는 장치—옮긴이)을 두드리기도 하고 폐가에 출몰하기도 한다. 스피릿은 형체 없는 허깨비이며, 여러분이 미신을 믿는다면 그 존재를 믿을 테지만 냉철하고 명확한 과학적 세계관을 가졌다면 믿지 않을 것이다.

이제 우리는 헤겔을 읽다가 어느 시점에선가는 그의 철학이 이 다소 미신적인 세계관을 토대로 삼았으며 그의 '가이스트' 개념이 바로 그 형체가 없는 허깨비를 일컫도록 의도되었다고 말해야 할지도 모르겠다. 하지만 처음부터 이렇게 가정해서는 안 된다. 헤겔은 서구 철학 전통에 서 있는 철학자다. 이 전통에 선 철학자들은 언제나 정신이나 의식의 본성, 정신과 물리적 세계의 관계에 깊은 관심을 쏟았다. 데카르트는 완벽한 확실성을 가지고 알 수 있는 것이 무엇인지 물음으로써 근대 철학의 시대를 열었다. 그의 대답은 자신이 꿈을 꾸거나 악마에게 속아 자신의 믿음이 거의 모두 잘못된 것이어도 "나는 생각한다. 그러므로 나는 존재한다"라는 한 가지는 확실히 알 수 있다는 것이었다. 그것에 대해서만은 속을 수 없다. 속는다는 것은 내가 존재한다는 뜻이기 때문이다. 하지만 이 '나'란 무엇일까? 물리적 신체를 말하는 것은 아니다. 몸에 대해서는 속을 수 있기 때문이다. 내가 확실히 아는 '나'는 바로 생각하는 존재, 즉 정신이다. 이 논증으로부터 이후 서구 철학의 주된 관심사들이 생겨났다. 내 생각과 감정은 내 몸과 어떻게 연결되어 있을까? 생각 같은 정신적 대상과 몸 같은 물질적 대상은 둘 다 존재할까? 그렇다면 서로 다른 두 종류의 대상은 어떤 방법으로 상호 작용을 하는 것일까? 내 뇌는 물질적 대상인데, 어떻게 물질이 의식을 가질 수 있을까? 이런 문제들을 철학자들은 '심신 문제(mind-body problem)'라 부른다. 또다른 종류의 문제들도 있는데—이 또한 데카르트로 거슬러올라간다—여기에서는 앎의 문제에 초점을 맞춘다. 세계가 어떤지를 우리는 어떻게 알 수 있을까? 우리가 가정하듯 우리의 생각이 '바깥에' 있는 어떤 '진짜' 세계의 (어떤 식으로든) 반영이라고 확신할 수 있을까? 색깔과 형태와 질감을 비롯한—이런 성질은 지금 내 앞에 종이 한 장이 존재한다는 것과 같은 단순한 믿음의 근거가 된다—나의 모든 의식 경험이 언제나 내 마음속에 있다면 나 자신의 의식 바깥에 있는 세계를 아는 것이 도대체 어떻게 가능할까?

서구 철학 전통의 문제들을 이렇게 잠시 곁다리로 들여다본 요점은 바로 이것이다. 헤겔 같은 철학자가 마음에 대해 글을 써야 한다는 것은 전적으로 예상되는 바다. 그가 마음에 대한 글을 쓴다고 해서 형체가 없는 영혼의 존재나 여러분과 나처럼 냉철하고 명석한 과학적 세계관의 추종자들이 믿지 않는 그 어떤 것의 존재를 믿는다는 뜻은 아니다. 따라서 적어도 논의를 시작하는 시점에서는 헤겔이 말하는 '가이스트'를 어떤 독특한 신비주의적 존재에 대한 것이 아니라 마음의 본성에 대한 오랜 철학 논쟁에 참여한다는 의미로 받아들여야 한다. 그래서 이 책에서는 전 세대 헤겔 번역자들의 선택을 따라 '가이스트'를 '마인드'로 번역한다(한국어에서는 '정신'이라는 번역어에 종교적 뉘앙스가 없으므로 이 책에서는 관례대로 '정신'으로 번역한다—옮긴이). 헤겔의 개념을 '가이스트'의 어떤 의미로 이해해야 하는가는 그때그때 살펴볼 것이다.

『정신현상학』의 과제

이 시점까지 내가 헤겔의 견해를 매우 불완전하게 제시했다는 사실은 내가 헤겔의 역사철학을 논의하던 초기에 제쳐 둔 물음을 되새기면 알 수 있다. 왜 세계사란 자유 의식이 앞으로 나아가는 과정일까? 이 물음은 반드시 대답되어야 한다. 헤겔은 역사의 방향이 일종의 우연한 사건임을 분명히 부정한다(그래야 그의 전체 사상과 모순되지 않는다). 헤겔은 역사에서 일어나는 일은 필연적으로 일어난다고 단언한다. 이것이 무슨 뜻일까? 어떻게 참일 수 있을까? 헤겔은 이렇게 대답한다. 역사가 자유 의식이 앞으로 나아가는 과정인 것은 역사가 정신의 발전이기 때문이라고. 『역사철학』에서 헤겔이 이 개념을 설명하지 않은 것은 이미 매우 두껍고 빽빽한 책에서 정신이 현실에서처럼 발전해야 하는 필연성을 입증했기 때문이다. 그 책은 바로 『정신현상학』이다. 카를 마르크스는 『정신현상학』을 "헤겔 철학의 진정한 탄생지요 비밀"이라고 불렀다.〔『경제학-철학 수고』(이론과실천, 2009) 187쪽〕 요령부득의 알쏭달쏭한 문장에 질린 다른 사람들은 『정신현상학』에 담긴 비밀을 들쑤시려 들지 않았다. 하지만 헤겔을 제대로 설명하려면 반드시 『정신현상학』을 들여다보아야 한다.

제목에서 출발하는 것이 좋겠다. 『옥스퍼드 영어 사전』에서는 '현상학'을 '현상에 대한 학문을 존재에 대한 학문과 구별하여 일컫는 이름'으로 풀이한다. '현상'과 '존재'의 구별에 친숙한 사람에게는 이렇게만 풀이해도 충분하다. 하지만 그렇지 않은 사람을 위해 사전에서는 철학적 용법에서의 '현상'이 '감각이나 정신이 직접 알아차리는 것으로, (실체나 물자체와 구별되는) 지각의 직접적 대상'이라고 자상하게 설명한다. 현상과 존재가 어떻게 다른지 이해하려면 내 눈에 보이는 달과 실제 달의 차이를 생각해보라. 어젯밤 내 눈에 비친 달은 테니스공만한 은빛 손톱무늬였지만, 실제 달은 지름이 수천 킬로미터에 이르는 석구(石球)다. 은빛 손톱무늬는 현상이다. 그렇다면 현상학은 사물이 우리에게 어떤 모습인지 연구하는 학문이다.

현상학이 사물이 우리에게 어떤 모습인지 연구하는 학문이라면 '정신현상학'은 정신이 우리에게 어떤 모습인지 연구하는 학문이리라 추측할 수 있다. 그렇게 추측하면 정확하겠지만, 여기에 헤겔 특유의 비틀기를 한 번 더해야 한다. 정신이 우리에게 어떤 모습인지 연구하려면 정신이 우리의 정신에 어떤 모습인지 연구하는 수밖에 없다. 그렇다면 정신현상학은 실제로는 정신이 스스로에게 어떤 모습인지 연구하는 학문이다. 이에 따라 헤겔의 『정신현상학』은 의식의 여러 형태를 추적하며 각 형태를 내면에서 있는 그대로 바라보고 제한적인 형태의 의식이 어떻게 해서 적절한 형태의 의식으로 필연적으로 발전했는지 밝혀낸다. 헤겔 자신이 이 기획을 일컬어 "지

(知)의 현상화하는 모습을 논한"다고 표현한 이유는 의식의 발전이란 실재를 더 온전히 파악하는, 그리하여 '절대지(絶對知)'에서 정점에 이르는 의식 형태를 향한 발전이라고 생각하기 때문이다.〔『정신현상학 1』(한길사, 2007) 118쪽〕

『정신현상학』 서론에서 헤겔은 이런 연구 방법이 필요하다고 믿는 이유를 설명한다. 그는 앎의 문제에서 시작한다. 철학의 목표는 "참으로 존재하는 것의 현실적인 인식", 또는 다소 신비주의적으로 묘사된 '절대자'를 알아내는 것이라고 헤겔은 말한다.〔『정신현상학 1』 113쪽〕 하지만 "참으로 존재하는 것"을 논하기 전에 앎 자체가 무엇인지, 즉 우리가 어떻게 실재를 알게 되는지 궁리하는 편이 낫지 않겠는가? 앎을 얻으려고 시도하는 것은 곧 실재를 파악하려고 시도하는 것이다. 이렇듯 앎은 우리가 진리를 파악하는 도구에 곧잘 비유된다고 헤겔은 말한다. 도구에 결함이 있으면 우리가 손에 넣는 것은 오류에 불과할 것이다.

그렇기에 우리는 안다는 것에 대한 탐구에서 출발한다. 그런데 금세 회의적 우려에 사로잡힌다. 실재를 알려고 시도하는 것이 실재를 파악하려고 어떤 도구를 이용하는 것과 같다면 도구를 실재에 적용하면 실재가 달라지기 때문에 우리가 파악하는 것은 왜곡되지 않은 실재와 전혀 다른 것이지 않을까? (비슷한 맥락에서 현대 물리학자들은 아원자 입자의 속도와 위치를 동시에 알아낼 수 없다는 사실을 발견했다. 어떤 도구를 쓰든 관찰 행위 자체가 입자에 간섭하는 셈이기 때문이다.) 심지어 '도구' 비유를 버리고 앎을 우리가 실재를 관찰하기 위해 이용하는 더 수동적인 매체로 간주하더라도 우리가 관찰하는 것은 실재 자체가 아니라 매체를 거친 실재라고 헤겔은 말한다.

우리가 도구나 매체를 통해 볼 때 왜곡이 일어난다면 사태의 참된 상태를 아는 한 가지 방법은 왜곡이 어떤 성질을 가졌는지 알아내어 그로 인한 차이를 소거하는 것이다. 이를테면 막대기가 절반만 물에 잠겨 있는 모습을 보면 물속에 들어 있는 부분이 구부러져 보인다. 막대기는 정말로 구부러졌을까? 내가 굴절 법칙을 알아서 물을 통해 막대기를 볼 때 어떤 차이가 생기는지 이해한다면 이를 계산할 수 있다. 이 차이를 소거하면 막대기의 진짜 모습을 알게 될 것이다. 앎의 도구나 매체가 일으키는 왜곡 효과에도 같은 계산을 하면 실재를 있는 그대로 알 수 있을까?

아니라고, 이런 식으로 수수께끼에서 벗어나는 길은 우리에게 열려 있지 않다고 헤겔은 말한다. 아는 것은 보는 것과 같지 않다. 안다는 것의 경우에 소거해야 할 것은 무엇이겠는가? 그것은 물이 광선에 일으키는 차이가 아니라 광선 자체를 소거하는 것과 같을 것이다. 앎이 없으면 우리는 막대기 자체를 알지 못할 것이므로, 아는 행위를 소거하면 아무것도 알지 못하게 될 것이다.

따라서 도구는 왜곡되지 않은 실재의 상을 보장하지 못하며, 도구에 의한 왜곡을 바로잡더라도 실재에 더 가까이 다가갈 수는 없다. 그렇다면 우리는 참으로 알 수 있는 것은 없다는 회의적 입장을 받아들여야 할까? 하지만 그런 회의주의는 자승자박이다. 모든 것을 의심하겠다면 우리가 아무것도 알 수 없다는 주장은 왜 의심하지 않는가? 게다가 우리가 살펴본 회의적 논리에는 (자신이 안다고 주장하는) 나름의 전제가 있다. 이 논리는 실재 같은 것이 있으며 앎은 우리가 실재를 파악하는 일종의 도구나 매체라는 생각에서 출발한다. 그럼으로써 우리 자신과 실재(또는 절대자)의 구별을 전제한다. 설상가상으로 우리의 앎과 실재가 서로 분리되어 있음을 당연하게 여기면서도 우리의 앎을 현실적인 것, 즉 실재의 일부로 치부한다. 그러니 회의주의도 답이 아니다.

헤겔은 안다는 것에 대한 어떤 견해를 말끔하게 정립한 뒤에 이로부터 귀결되는 구멍에서 우리가 벗어날 수 없으며 머물 수도 없음을 밝혀냈다. 이제 헤겔은 앎이 도구나 매체라는 "부질없는 생각"을 모조리 떨쳐버리라고 말한다.(『정신현상학 1』 116쪽) 이 모든 생각은 앎을 있는 그대로의 현실로부터 분리하기 때문이다.

이 모든 논증에서는 앎과 관련하여 (헤겔이 버리라고 말하는)

이런 견해를 가진 철학자를 한 명도 언급하지 않는다. 로크, 버클리, 흄을 비롯한 경험주의 학파 전체의 철학자들에게 공통된 가정을 헤겔이 어느 정도 비판하고 있기는 하지만, 헤겔의 독자들은 그의 주된 표적이 칸트임을 분명히 알았을 것이다. 칸트는 우리가 결코 실재를 있는 그대로 볼 수 없다고 주장했다. 그것은 공간, 시간, 인과 관계의 얼개 안에서만 경험을 이해할 수 있기 때문이다. 공간, 시간, 인과 관계는 실재의 일부가 아니라 우리가 실재를 파악하는 필연적 형태다. 따라서 우리는 결코 있는 그대로의 사물을 자신의 앎과 독립적으로 알 수 없다.

또다른 저작인 『소小논리학』(『엔치클로페디』 제1부를 일컫는다—옮긴이)에서 헤겔은 자신의 적수를 실제로 거명하며 이와 비슷한 공격을 감행한다(자신의 풍성한 지적 능력을 과시하듯 약간 다른 논점을 제시하기는 하지만). 아래 구절은 앞으로 나아갈 길을 암시하는 비유로 결론을 내리기에 인용할 만하다.

〔칸트에 따르면〕 우리는 노동에 착수하기 전에 노동하기에 필요한 도구를 미리 알아야 한다. 왜냐하면 도구가 만일 불충분하면 우리의 모든 노력이 수포로 돌아가기 때문이라는 것이다. (…) 그러나 인식의 시험은 인식하면서밖에 할 수 없다. 인식을 도구라고 부를 수 있다면 이 인식이라는 도구에 있어서는 이 도구를 시

13. 교수복 차림의 헤겔.

험한다는 것과 이 도구를 인식한다는 것은 같은 말이다. 그러나 인식하기 전에 인식하려 하는 것은 물속에 들어가보기 전에 수영을 배우려고 하는 도학자의 현지(賢知)나 마찬가지의 우설(愚說)에 불과한 것이다.〔『헤겔의 논리학』(서문당, 2018) 114쪽〕

도학자의 우설에서 얻을 수 있는 교훈은 분명하다. 헤엄치는 법을 배우려면 물의 흐름에 과감히 뛰어들어야 하듯, 실재에 대한 앎을 얻으려면 우리가 아는 모든 것의 출발점인 의식의 흐름에 과감히 뛰어들어야 한다. 앎에 접근할 수 있는 유일한 방법은 의식을 의식 자체에 보이는 대로 내부에서 살펴보는 것, 즉 정신현상학이다. 우리는 정교한 의심에서가 아니라 자신을 참된 앎으로 간주하는 단순한 형태의 의식에서 출발해야 한다. 하지만 이 단순한 형태의 의식은 참된 앎에 못 미치는 것으로 드러나고, 그리하여 우리는 또다른 형태의 의식을 발전시키며, 이 또한 미흡한 것으로 드러나 또다른 형태의 의식을 발전시킨다. 이 과정은 참된 앎에 도달할 때까지 계속된다.

『정신현상학』은 이 과정을, 헤겔 말마따나 "의식 자체가 학문을 향하여 교양을 쌓아가는 구체적인 전개의 역사"를 자세히 되밟는다.〔『정신현상학 1』 119쪽〕 이렇게 교양을 쌓아가는 과정의 일부는 실은 역사를 관통하여 나타난 관념의 발전이다. 그러므로 헤겔의 『정신현상학』은 『역사철학』에서 다루는 내용의 일부를 미리 보여주는 셈이다. 하지만 이번에는 같은 사건들이 다른 방식으로 취급된다. 헤겔의 목표는 의식의 발전 과정이 필연적 과정임을 밝히는 것이기 때문이다. 각 의식 형태는 자신이 참된 앎에 못 미침을 드러내면서 우리를 헤겔이 "한정된 부정"이라는 부르는 것으로 이끈다.〔『정신현상학 1』 121쪽〕 이것은 앎의 평범한 방법들에 트집을 잡는 부류의 철학자들이 옹호하는 공허한 회의주의가 아니다. 그런 공허한 회의주의로부터는 앞으로 나아갈 길이 없다. 이에 반해 한정된 부정은 그 자체로 무언가다. (수학의 부정 기호를 생각해 보라. 어떤 숫자에 부정 기호를 붙이면 0이 되는 것이 아니라 음수가 된다.) 어떤 형태의 의식이 미흡하다는 발견의 결과인 '무언가'는 그 자체로 새로운 형태의 의식, 말하자면 이전 형태의 미흡함을 자각하고 이를 극복하기 위해 다른 접근법을 어쩔 수 없이 취하게 되는 의식이다. 따라서 우리는 의식의 한 형태에서 다른 형태로 이동하며 쉼 없이 참된 앎을 찾도록 강요된다.

따라서 『정신현상학』은 앞에서 제기된 물음, 즉 세계사는 왜 자유 관념의 의식이 발전하는 과정인가, 역사에서 일어나는 일은 왜 필연적으로 일어나는가에 대한 대답을 제시한다. 하지만 놀랍게도 이 어마어마한 물음에 대한 답은 참된 앎의 가능성을 입증함으로써 철학이 제시하고자 하는 것—헤겔 말마따나 "참으로 존재하는 것의 현실적인 인식"—의 토대 역할을 하겠다는 주목표의 부산물에 불과하다.

『정신현상학』에서 되밟는 과정의 목표는 참된 앎, 혹은 '절대자'다. 그런데 우리는 참된 앎에 도달했다는 사실을 어떻게 알까? 그래도 회의적 의심은 여전히 가능하지 않을까? 헤겔은 그렇지 않다며, 왜냐하면 "여기서 목표가 되는 것은 지가 이제 더이상 앞으로 나아갈 필요가 없는 지점"이기 때문이라고 말한다.(『정신현상학 1』 121쪽) 달리 말하자면, 이전에는 의식이 자신의 앎이 미흡하다는 사실을 인정하고 자신의 이해력을 넘어서는 더 타당한 앎을 얻으려고—'물자체'를 알려고—분투해야 했던 반면에 이 과정이 끝난 뒤의 실재는 알 수 없는 '너머'가 아닐 것이다. 의식은 실재를 직접 알 것이며 실재와 하나일 것이다. 더 도달할 곳이 없을 것이며 더 타당한 앎을 얻으려는 부단한 충동은 마침내 충족될 것이다.

헤겔은 남다른 과업을 자임했다. 우선 앎에 대한 칸트—칸트뿐 아니라 인식 주체와 인식 대상의 구분을 전제하는 모든 철학자, 사실상 플라톤 이후의 모든 철학자—의 접근법을 효과적으로 비판한 뒤에 새로운 방법의 개발에 착수한다. 그의 방법은 모든 가능한 형태의 의식이 참된 앎—실재의 겉모습에 대한 앎이 아니라 실제 자체에 대한 앎—이라는 최종 목표에 이르기까지 발전하는 과정을 되밟는 것이다. 이제 헤겔이 이 과업을 어떻게 수행하는지 볼 차례다.

관념 없는 앎?

헤겔은 '감각적 확신'이라는 가장 원시적인 형태의 의식에서 출발한다. 그가 염두에 둔 것은 어느 주어진 순간에 눈앞에 있는 것을 파악할 뿐인 의식 형태다. 감각적 확신은 감각 기관이 받아들이는 정보를 단순히 기록한 것에 불과하다. 이것은 우리의 감각 기관에 나타나는 특정 사물에 대한 앎이다. 감각적 확신은 감각 기관이 얻는 날정보를 결코 정돈하거나 분류하려고 시도하지 않는다. 그렇기에 이 형태의 의식은 우리가 익은 토마토라고 묘사하는 것이 앞에 있어도 그 경험을 토마토로 묘사하지 못한다. 자신이 보는 것을 분류하지 못하기 때문이다. 심지어 그 경험을 둥글고 빨간 것을 보는 경험으로 묘사하지도 못하는데, 이런 용어 또한 일종의 분류를 전제하기 때문이다. 감각적 확신은 지금 앞에 제시되는 것만 인식하며 헤겔 말마따나 '이것'에 대한, 또는 '여기'와 '지금'에 대한 확신이다.

감각적 확신은 참된 앎의 후보로 손색이 없어 보인다. 공간이나 시간 같은 범주와 결부된 관념 체계의 체로 왜곡하지 않고서 '이것'을 직접 인식하니 말이다. 감각적 확신은 정확히 있는 그대로의 대상을 단순히 인식하는 것이다. 하지만 헤겔은 감각적 확신이 앎이라는 주장은 이후의 검증을 통과하지 못한다는 사실을 보여준다. 감각적 확신은 자신의 앎을 표명하려는 순간 모순에 빠진다. '이것'은 무엇인가? '여기'와 '지금'으로 분해할 수는 있지만 이 용어는 진리를 전달하지 못한다. 어느 늦은 밤 누가 우리에게 '지금'이 무엇이냐고 물으면 우리는 "지금은 밤이다"라고 답할 것이다. 우리가 이 문장을 글로 적어둔다고 가정해보자. 헤겔 말마따나 기록하거나 보전한다고 해서 진리가 사라질 리 없으니까. 그리하여 우리는 종이에 적어둔 진리를 이튿날 정오에 꺼내는데, 이것은 헤겔 말마따나 "알맹이 없는 진리"가 되어버렸다. 마찬가지로 나는 "여기 나무가 있다"라고 말하지만 또다른 감각적 확신은 "여기 집이 있다"라고 얼마든지 말할 수 있다.

하지만 헤겔의 논증은 감각적 확신의 앎을 전달하는 언어 표현을 엉뚱하게 오해한 결과인 듯하다. 그런 싸구려 수법에 걸려들지 않도록 감각적 확신의 앎을 고쳐 말하는 것이 분명 가능하지 않은가? 하지만 그 수법을 뛰어넘는 것은 생각만큼 쉽지 않다. 감각적 확신의 관점에서는 (이를테면) "자정은 밤이다"라거나 "공원에는 나무가 있다"라고 말할 수 없다. 이런 발언은 시간과 공간의 개념을 비롯한 사물의 일반적 질서를 전제하기 때문이다.

그렇다면 감각적 확신의 앎은 어떻게 표현할 수 있을까? 헤겔의 요점은 언어로는 결코 표현할 수 없다는 것이다. 감각적 확신은 순수 개별자에 대한 앎인 반면에 언어는 언제나 더 일반적이거나 보편적인 이름표를 붙이기 때문이다. '토마토'는 하나의 개별자가 아니라 대상들의 전체 집합을 일컫는 보편적 용어다. 어떤 용어도 마찬가지다. 헤겔이 "지금은 밤이다"라는 명제의 진리성을 공격하는 취지는 '지금', '여기', '이것' 같은 용어로는 순수한 구체적 사물에 대한 앎을 결코 표현할 수 없음을 밝히는 것이다. 이 용어는 또한 보편자이기도 하다. '지금'이나 '여기'는 하나가 아니기 때문이다. 그러므로 감각적 확신은 순수한 개별자에 대한 앎을 표현하려다 보편적 용어의 필연성에 끌려들고 말았다.

헤겔은 보편적 개념 없는 앎이 불가능함을 자신이 입증했다고 믿는다. 그의 논증에 대해 제기할 수 있는 두 가지 반론은 짧게나마 언급할 가치가 있다. 첫째 반론은 모든 용어가 개별적 대상이 아니라 대상들의 집합을 가리킨다는 규칙의 명백한 예외를 제시하는데, 그것은 바로 고유 명사다. '존 D. 록펠러', '로자 룩셈부르크', '시드니 오페라 하우스'를 비롯한 고유 명사는 개별적 대상을 일컫는다. 모든 '이것'에 고유 명사를 부여한다면 감각적 확신이 자신의 경험을 묘사할 수 있지 않을까?

『정신현상학』에서 헤겔은 고유 명사가 자신의 언어관에 들어맞지 않는 예외임을 무시하지만, 그가 어떻게 대답할지는 능히 짐작할 수 있다. 『논리학』에서 고유 명사가 무의미하다고 단언하기 때문이다. 그것은 고유 명사가 이름 자체를 넘어선, 즉 보편적인 것을 전혀 가리키지 못한다는 이유에서다. 감각적 확신의 개별적 앎을 고유 명사로 표현한다는 것은 자신이 인식하는 모든 '이것'에 무의미한 이름표를 붙이는 것에 불과하다고 말하는 헤겔을 상상해볼 수 있다. 그런 이름표는 아무것도 전달하지 않을 것이다.

이것은 둘째 반론으로 이어진다. 이 반론은 감각적 확신의 앎이 언어로 표현되어 남들에게 전달되는 것이 불가능할 수도 있음을 인정하면서도 그것이 그럼에도 불구하고 앎이라고 주장한다. 왜 모든 앎이 언어로 표현될 수 있어야 한다고 가정해야 하는가? 신비주의자들은 신비 경험의 진리가 언어로 표현될 수 없지만 그럼에도 모든 진리 중에서 가장 심오한 진리라고 곧잘 단언했다. 헤겔은 "써놓았다고 해서 진리가 사라질 리는 없"다고 말했지만, 이 단순한 주장이야말로 진리에서 멀어지는 첫걸음이었는지도 모른다.(『정신현상학 1』 136쪽) 우리는 바로 거기서 헤겔을 불러 세워 언어로 표현하기에는 너무 순수한 앎도 유효하다고 강변했어야 하지 않을까?

헤겔은 이 반론에 반드시 답해야 한다. 자신이 추구하는 기획의 핵심을 위협하는 반론이기 때문이다. 헤겔은 말로 표현할 수 없는 것이 있음은 부정하지 않지만, 이것이 "참이 아닌 것, 비이성적인 것 또는 단지 사념된 데 지나지 않는 것"이라고 단언한다. 나는 내가 뜻하는 바를 말로 표현하지 못해도 안다고 생각할 수 있지만, 사실 이것은 앎이 아니라 순전히 주관적인, 개인적 의견이다. 의견은 앎이 아니며 공공연히 알려져야만 앎이 될 수 있다.

헤겔은 독일어 단어 '마이넨(meinen)'의 여러 의미—'믿다' 또는 '의도하다'—와 (이 단어와 관련된) '의견'을 뜻하는 명사 '마이눙(Meinung)'을 활용하여 주장을 펼친다. 언어유희에 의한 이런 철학 방법을 인정하지 않는다면 헤겔의 주장은 논증이라기보다는 단언이다. 그럼에도 원칙상 소통 불가능한 것이 앎일 수 없다는 단언은 충분히 그럴듯하다.

이제 이 원시적 형태의 의식이 참된 앎을 나타낸다는 주장에 대한 우리의 분석을 들여다볼 수 있게 되었다. 어떤 주어진 순간에 눈앞에 있는 것을 단지 파악할 뿐인 의식이 어떤 종류의 앎을 가질 수 있는지 진술하려는 시도는 실패했는데, 그 이유는 그 형태의 의식에 의해 도달한 진리가 뚜렷한 거짓이거나 결코 표현될 수 없는 순전히 개인적인 것으로 판명된 데 있다. 이 진리(로 주장되는 것)는 어느 경우에도 앎으로 받아들여질 수 없다.

따라서 감각적 확신은 부적격임이 입증되었다. 헤겔이 서론에서 약속했듯 이 결과는 내부로부터 달성되었다. 즉, 감각적 확신의 부적격성을 밝히는 데 필요한 모든 것은 그 주장을 액면 그대로 받아들여 더 정확하게 다듬으려고 시도하는 것뿐이었다. 감각적 확신은 경쟁하는 형태의 의식에 굴복한 것이 아니라 스스로의 모순 때문에 무너졌다. 그와 동시에—이 또한 헤겔이 서론에서 약속한 것인데—이 결과가 부정적인 것만은 아니었다. 우리는 순수한 개별자를 아는 것이 불가능하며 (그리하여) 개별적 감각 경험에 어떤 형태의 관념 체계—우리가 경험하는 것을 보편적 측면에 따라 분류하여 언어를 통해 경험을 소통할 수 있게 해주는 체계—를 부여하는 것이 필연적임을 알게 되었다. 앎을 얻으려면 수동적으로 경험해서는 안 된다. 감각이 받아들인 정보를 정돈하는 더 능동적인 역할을 정신이 할 수 있도록 허용해야 한다. 따라서 헤겔이 다음으로 살펴보는 의식 형태는 감각 경험의 날자료에서 통일성과 일관성을 이끌어내려고 능동적으로 시도하는 의식이다.

자의식의 출현

앞 절에서 논의한 소박한 형태의 의식으로부터 헤겔은 '지각(perception)'과 '오성(understanding)'이라는 두 후속 단계를 거쳐 의식이 발전하는 과정을 되밟는다. 각 단계에서 의식은 앞선 단계보다 더 능동적인 역할을 한다. 지각 단계에서 의식은 대상을 보편적 성질에 따라 분류하는데 이것은 미흡한 것으로 판명되므로 오성의 차원에서는 의식이 자신의 법칙을 실재에 부여한다. 헤겔이 염두에 둔 법칙은 뉴턴의 물리 법칙과 이를 토대로 한 우주관이다. 이 법칙들은 뉴턴을 비롯한 과학자들이 발견한 실재의 일부로 흔히 간주되지만 헤겔은 이를 감각 경험의 날자료가 의식에 의해 분류된 것의 연장에 불과하다고 생각한다. 이 자료를 언어에 필수적인 보편 범주로 구분하면서 소통이 가능해졌듯 물리 법칙은 자료를 더 일관되고 예측 가능하게 하는 방법이다. 이 과정에서 동원되는 '중력'과 '힘' 같은 개념은 현실에 존재하는 것으로서 우리가 보는 사물이 아니라 우리가 실재를 파악하는 데 도움이 되도록 오성이 만들어낸 구성물이다.

오성의 수준에서 의식은 이 구성물을 있는 그대로 보지 않고 이해해야 할 대상으로 취급한다. 우리는 의식의 발전 과정을 되밟으면서 의식이 사실상 자신의 창조물을 이해하려 애쓴다는 사실을 알 수 있다. 그 대상은 자신이다. 이는 의식이 스스로를 반성할 수 있는 시점에 이르렀다는 뜻이다. 이것이 잠재적 자의식이다. 헤겔은 『정신현상학』 1부 '의식'을 이 결론으로 마무리한다. '자기의식'이라는 일반적 제목의 2부에서는 1부에서 주목하던 앎의 문제에 대한 직접적 탐구를 중단하고 잠재적 자의식이 온전한 명시적 자의식으로 발전하는 과정으로 시선을 돌린다. (물론 이 또한 정신이 절대지의 단계를 향해 발전하는 과정의 일부다.)

욕망하는 정신

'자의식'은 헤겔의 중요한 개념으로, 마르크스주의 사상가들과 실존주의 사상가들에게 서로 다른 방식으로 영향을 끼쳤다. 자의식은 외따로 존재할 수 없다고 헤겔은 주장한다. 자의식이 스스로를 올바르게 그리려면 대조할 것이 있어야 한다. 자신을 구별 지을 대상이 필요한 것이다. 나 자신을 인식하려면 내가 아닌 것을 인식해야 한다. 자의식은 단순히 자신에 대해 골똘히 생각하는 의식이 아니다.

자의식은 자기 바깥의 대상을 필요로 하지만 이 외부 대상은 낯선 것이며 대립하는 형태이기도 하다. 따라서 자의식과 외부 대상 사이에는 독특한 애증 관계가 있다. 이 관계는 애증 관계가 으레 그렇듯 욕망의 형태로 표면에 떠오른다. 욕망한다는 것은 소유하고 (그럼으로써) 완전히 파괴하지 않고 싶어하는 것이지만, 또한 자신의 것인 무언가로 변형하고 (그럼으로써) 낯섦을 벗겨내는 것이기도 하다.

14. 자의식이 또다른 자의식을 인식하는 순간?

이러한 욕망 개념의 도입은 진리를 발견하는 이론적 문제에서 세상을 바꾸는 실천적 문제로 헤겔의 관심사가 이동했음을 보여준다. 여기서 우리는 마르크스주의자들이 그토록 강조하는 '이론과 실천의 합일'의 전조를 본다. 진리를 얻으려면 고찰만으로는 안 되며 세상에 대해 행동하고 세상을 바꿔야 한다. 마르크스의 묘비에는 포이어바흐에 관한 열한번째 테제의 유명한 문구가 새겨져 있다. "철학자들은 세계를 단지 다양하게 해석해왔을 뿐이다. 그러나 중요한 것은 세계를 변화시키는 것이다."〔『칼 맑스 · 프리드리히 엥겔스 저작 선집 1』(박종철출판사, 2008) 189쪽〕 마르크스가 '철학자들' 중 한 명으로 헤겔을 염두에 두었음은 분명하다. 마르크스가 헤겔보다 훨씬 급진적으로 세상을 바꾸고 싶어했다는 사실도 부정할 수 없다. 그럼에도 헤겔은 마르크스의 명언에 깔린 사상을 『정신현상학』에서 찾아볼 수 있다고 대꾸할 수 있었을 것이다. 그것은 자신을 온전히 실현하려면 외부 세계를 바꿔 자신의 것으로 만들어야 함을 자의식적 존재가 발견하는 대목이다.

욕망은 자의식이 외부 대상을 필요로 한다는 사실의 표현으로서 등장했지만, 자신 바깥에 있는 모든 것에 의해 자신이 제약받는다는 사실을 알게 된다. 하지만 욕망한다는 것은 만족하지 못한다는 것이기에 욕망은 자의식에는 불만족스러운 상태다. 설상가상으로 자의식은 영영 만족하지 못할 운명이다. 욕망의 대상이 자립적 대상으로서 소멸되면 자의식은 자신의 존재를 위해 필요한 것을 파괴한 셈이 되기 때문이다.

이 딜레마에 대해 헤겔이 내놓은 해법은 자의식의 대상을 또다른 자의식으로 만드는 것이다. 이렇게 하면 각각의 자의식적 존재는 자신과 대조할 수 있는 또다른 대상을 가지지만 그 '대상'이란 소유되기에 외부 대상의 성질이 '부정'되는 단순한 대상이 아니라 자신을 소유할 수 있기에 외부 대상으로서 스스로를 소멸시킬 수 있는 또다른 자의식이다.

알쏭달쏭하더라도 걱정 마시라. 헤겔의 글에서는 훨씬 알쏭달쏭하니까. 아이번 솔이라는 철학자는 이 대목에서 헤겔의 논증이 "극도로 모호하"다고 평했으며 리처드 노먼이라는 철학자는 이 절을 건성으로 다루면서 이렇게 말했다. "거의 대부분이 난해하(므로) 나는 이 부분에 대해서는 별로 언급하지 않을 작정이다."(『헤겔의 정신현상학 입문』 54쪽) 헤겔의 요점은 자의식이 그저 아무 외부 대상이나 필요로 하는 것이 아니라 또다른 자의식을 필요로 한다는 것이다. 달리 설명하자면 자신을 보려면 거울이 있어야 하는 것과 같다. 자신을 자의식적 존재로 인식하려면 다른 자의식적 존재를 관찰하고 자의식이 어떤 모습인지 볼 수 있어야 한다. 이렇게 설명할 수도 있다. 자의식은 사회적 상호 작용의 맥락에서만 발전할 수 있다. 어떤 자의식적 존재로부터도 동떨어진 채 외따로 자라는 아동은 단순한 의식의 차원을 넘어서는 정신적 발달을 이루지 못한다. 자의식은 사회적 삶으로부터 성장하기 때문이다. 두 설명 다 충분히 그럴듯하다. 문제는 헤겔이 쓰는 용어와 짝을 짓기가 힘들다는 것이다. 그래도 헤겔이 염두에 둔 것과 비슷하기는 할 것이다.

주인과 노예

이제 『정신현상학』을 통틀어 가장 명성이 자자한 절로 넘어가자. 두 자의식이 무대에 등장한다. 설명의 편의를 위해 자의식적 존재를 인격체로 부르겠다. (물론 헤겔은 편의를 봐줄 생각이 눈곱만큼도 없다.) 그렇다면 각 인격체는 자신에 대한 인식을 확립하기 위해 상대방을 필요로 한다. 각자가 상대방에게서 필요로 하는 것은 정확히 무엇일까? 헤겔은 그것이 '인정'이라고 주장한다. 그의 논점을 이해하려면 자의식을 일컫는 독일어 단어 '젤프스트베부스트자인(Selbstbewusstsein)'이 '자기확신'을 뜻하기도 한다는 것에 주목해야 한다(영어 단어 '자의식self-consciousness'이 당혹스러움과 망설임의 뉘앙스를 풍기는 것과 대조적이다). 나를 인격체로 인정하지 못하는 또다른 인격체의 존재로 인해 내 자의식이 위협받는다는 헤겔의 개념을 뒷받침하는 것은 독일어 단어의 이 의미다. 리처드 노먼이 제안했듯, R. D. 랭 같은 실존주의 정신의학자들의 연구는 이 개념을 확장한 것으로 볼 수 있다. 어떤 인격체가 자기가 의존하는 모든 사람에 의해 자신의 가치를 조직적으로 부정당하면—이를테면 가족 안에서 누구에게든 문제만 생기면 한 사람을 희생양으로 몰아붙이는 것—정체감이 완전히 무너질 수 있다. (랭에 따르면 이처럼 인정을 받지 못한 결과가 조현병으로 나타난다.)

인정의 필요성에 대한 이 개념이 아직도 모호하다면 어떤 나라가 외교적 인정을 받는 것에 비유해보겠다. 외교적 인정이 중요하다는 사실은 중국 같은 나라가 이를 얻으려고 기울인 노력과 다른 나라들이 이를 막으려고 기울인 노력을 보면 분명히 알 수 있다. 다른 나라들의 인정을 받지 못한 나라는 어엿한 국가가 되지 못한다. 외교적 인정은 한편으로 이미 존재하는 것을 인정하는 것에 불과한 것처럼 보인다는 점에서, 하지만 다른 한편으로 국가에 못 미치는 것을 완전한 국가로 만들어준다는 점에서 독특하다. 헤겔의 인정 개념에도 똑같은 독특함이 있다.

인정 요구는 상호적이다. 따라서 사람들이 서로를 평화롭게 인정하면 그뿐 아니겠느냐고 생각할 수도 있겠다. 하지만 헤겔에 따르면 자의식은 순수해지기를 바라는데 이를 위해서는 자신이 단순한 물질적 대상에 속하지 않음을 보여야 한다. 사실 자의식은 물질적 대상에 이중으로 속한다. 자신의 살아 있는 몸에, 또한 자신이 인정을 얻어야 하는 다른 인격체의 살아 있는 몸에 속하는 것이다. 자신이 이 물질적 대상에 속하지 않았음을 입증하는 방법은 상대방과 사생결단을 내는 것이다. 자의식은 상대방을 죽이려 함으로써 자신이 상대방의 몸에 의존하지 않음을 보이고 자신의 목숨을 걺으로써 자신이 스스로의 몸에도 속하지 않음을 보인다. 그리하여 두 개인이 처음 맺는 관계는 평화로운 상호 인정이 아니라 투쟁이다.

이것을 어떻게 해석해야 할지 난감하다. 헤겔은 폭력 투쟁이 인간사의 우연적 사건이 아니라 자신을 인격체로 입증하는 과정의 필수 요소라고 말하는 듯하다. 하지만 헤겔은 목숨을 걸지 않은 사람은 진정으로 또는 온전하게 인격체가 아니라고 진심으로 말하는 걸까? '입증' 과정은 이미 암묵적인 것을 명시적으로 표현하는 것에 불과하다고 보는 쪽이 어쩌면 더 나을지도 모르겠다(틀림없이 더 자비로울 것이다). (이를테면 공리는 우리가 입증했을 때 참이 되는 것이 아니다. 우리는 그 공리가 처음부터 참이었음을 보일 뿐이다.) 이 해석에 따르면 한 번도 목숨을 걸지 않은 사람도 여전히 인격체일 수는 있지만 인격체로서의 그의 존재는 아직 입증되지 않았다. 더 자비를 베풀자면, 몸으로부터 독립성을 입증하려고 누군가 목숨을 걸어야 하기는 하지만 모든 사람에게서 이 입증이 되풀이될 필요는 없다는 취지로 해석할 수도 있겠다.

투쟁으로 돌아가서, 애초의 발상은 각 개인이 상대방의 죽음을 의도한다는 것이었다. 하지만 잠시만 생각해보면 이 결과가 아무에게도 이롭지 않음을 알 수 있다. 패자는 죽는 것이고 승자는 인격체로서의 정체감을 확인받는 데 필요한 인정의 원천을 말살한 격이기 때문이다. 그리하여 승자는 상대방이 자신에게 꼭 필요함을 깨닫고 그의 목숨을 구해준다. 하지만 독립적인 두 사람이 애초에 누리던 평등은 승자가 독립적이고 패자가 의존적인 불평등한 상황으로 대체되었다. 승자는 주인이고 패자는 노예다.

헤겔은 통치자와 피통치자가 나뉘는 것을 이런 식으로 설명한다. 하지만 이 상황은, 다시 말하지만 안정적이지 않다. 헤겔이 제시하는 불안정성의 이유는 기막히게 독창적이다.

언뜻 보기에 주인은 모든 것을 가진 듯하다. 그는 노예를 물질적 세계에서 일하도록 하고 자신은 편히 앉아 노예의 복종과 노예 노동의 결실을 누린다. 하지만 이제 주인이 인정받을 필요성을 생각해보자. 그가 노예에게 인정받는 것은 분명하지만, 주인이 보기에 노예는 결코 독립적 의식이 아닌 사물에 불과하다. 결국 주인은 자신에게 필요한 인정을 얻는 데 실패했다.

노예의 상황도 처음에 생각한 것과는 다르다. 물론 노예는

15. 노예가 인정을 추구하다.

합당한 인정을 받지 못한다. 주인이 보기에 단순한 사물에 불과하기 때문이다. 다른 한편으로 노예는 외부 세계에 대해 노동한다. 자신의 주인이 소비의 일시적 만족을 얻는 것과 대조적으로 노예는 노동을 통해 물질적 대상을 빚고 다듬는다. 그럼으로써 노예는 자신의 관념을 영속적인 것, 외부 대상으로 만든다. (이를테면 노예가 통나무를 깎아 의자를 만들면 그의 의자 관념, 디자인, 노고는 세계의 일부로 남는다.) 이 과정을 통해 노예는 자신의 의식을 더 깊이 인식하게 된다. 의식을 눈앞에 있는 대상으로 바라보기 때문이다. 노동을 통해, 심지어 또다른 적대적 정신의 명령하에 행하는 노동을 통해 노예는 자신에게도 정신이 있음을 발견한다.

약 40년 뒤에 카를 마르크스는 '소외된 노동'이라는 자기만의 개념을 발전시켰다. 헤겔과 마찬가지로 마르크스는 노동을 노동자가 자신의 생각과 노력—실은 자신 안에 있는 최상의 모든 것—을 노동의 대상에 투입하는 과정으로 간주했다. 그리하여 노동자는 자신을 **대상화**, 즉 외부화한다. 그런 다음 마르크스는 헤겔의 말에 함축된 요점을 자세히 설명했다. 그것은 노동의 대상이 타인, 특히 낯설고 적대적인 타인의 소유라면 노동자는 자신의 대상화된 본질을 잃는다는 것이다. 이것이 노예의 노동에서 벌어지는 일이지만, 마르크스가 주장하듯 자본주의하에서도 같은 현상이 벌어진다. 의자든, 신발이든, 천이든 노동자가 생산한 것은 모두 자본가 소유다. 노동자는 자본가가 이윤을 얻도록 함으로써 그의 자본을 불려주고 노동자에 대한 지배를 강화하도록 한다. 따라서 노동자의 대상화된 본질은 단지 상실되는 것이 아니라 그를 억압하는 적대적 힘으로 바뀐다. 이것이 마르크스 초기 저작의 핵심 개념이자 자본주의 경제학에 대한 마르크스주의적 비판의 토대를 이루는 잉여 가치 개념의 전신인 '소외된 노동'이다.

철학과 종교

마르크스가 보기에 소외된 노동의 문제를 해결하는 방법은 사적 소유를 철폐하고 통치자와 피통치자의 구분을 없애는 것이었다. 이에 반해 헤겔은 의식이 이미 밟은 길을 자신이 되밟는다고 생각했다. 그러니 이 시점에서 미래의 무계급 사회로 도약하는 것은 있을 수 없는 일이었다. 사실 바로 이 시점에서 『정신현상학』은 역사책을 닮아간다. 나중에 자신이 『역사철학』에서 더 구체적으로 다루게 될 내용에 더 가까워지는 것이다. 주인과 노예에 대한 절에 이어지는 것은 스토아주의에 대한 논의인데, 이 철학 학파는 로마 제국 치하에서 세력을 키웠으며 주요 저술가로는 황제 마르쿠스 아우렐리우스와 노예 에픽테토스가 있었다. 따라서 스토아주의는 주인과 노예의 간극을 메운다. 스토아주의에서는 억압받는 노예가 노동을 통해 온전한 자각에 이르면 일종의 자유를 찾을 수 있다. (노예가 여전히 노예인) 외부 세계에서 물러나 자신의 의식 속으로 칩거하라고 가르치기 때문이다. 헤겔은 이렇게 말한다. "사유하는 데서 내가 '자유롭다'는 것은 내가 나 아닌 타자 속에 있지 않고 어디까지나 자신에게 머물러 있으며 나에게 본질적인 대상이 자각적 존재로서의 나와 불가분의 통일을 이루고 있기 때문이다."(『정신현상학 1』 235~236쪽) 이어서 이 의식의 본질은 "왕좌에 올라서 있거나 사슬에 묶여 있거나 간에" 자유로운 것이라고 덧붙인다.(『정신현상학 1』 237쪽) 스토아주의자가 사슬에 묶여 있어도 여전히 자유로운 것은 사슬이 자신에게 아무것도 아니기 때문이다. 그는 자신을 육체에서 분리하여 어떤 독재자도 건드릴 수 없는 자신의 정신에서 위안을 찾는다.

스토아주의의 약점은 현실 세계와 유리된 사유에 확정적인 내용이 하나도 없다는 것이다. 스토아주의의 고고한 사상은 실체가 없이 앙상하며 이내 지루해진다. 그 뒤에 스토아주의는 또다른 철학적 태도인 회의주의로 계승되며, 회의주의에서 헤겔이 '불행한 의식'이라고 부르는 것으로 발전한다. 이 개념은 헤겔의 일부 계승자들에게 중요하기에 여기서 잠시 논의하겠다.

16. 마르쿠스 아우렐리우스(121~180).

'불행한 의식'은 기독교하에서 존재한 의식 형태였음이 분명하다. 헤겔은 이 의식을 '소외된 정신'(『정신현상학』 한국어판에서는 '모순된 존재'로 번역—옮긴이)으로 부르기도 하는데, 이 표현은 헤겔이 염두에 둔 것이 무엇인지에 대한 더 나은 실마리를 제공한다. 소외된 정신에서는 주인과 노예의 이중성이 하나의 의식으로 합쳐지지만 이 두 요소가 통일되지는 않았다. 불행한 의식은 물질적 세계로부터 독립하여 신과 같아지기를, 영속적이고 순전히 영적인 존재가 되기를 갈망하지만 그와 동시에 자신이 물질적 세계의 일부임을, 자신의 신체적 욕망과 고통과 쾌락이 실재하고 불가피함을 깨닫는다. 그 결과 불행한 의식은 스스로 분열된다. 이 개념이 친숙하게 들리는 것은 앞 장에서 칸트의 윤리학에 대한 헤겔의 태도를 논의하면서 언급했기 때문이다. 단, 여기서 헤겔은 칸트보다는 기독교를 염두에 두고 있다. "내가 원하는바 선은 행하지 아니하고 도리어 원하지 아니하는바 악을 행하는도다"(로마서 7장 19절)라는 사도 바울의 말과 "주여, 나로 하여금 순결하고 절제하는 삶을 살게 해주시기를 바라지만, 아직은 그렇게 해주지 마십시오"(『고백록』(크리스천다이제스트, 2017) 251쪽)라는 성 아우구스티누스의 기도를 떠올려보라.

헤겔의 표적은 인간 본성을 스스로에 대해 분열시키는 모든 종교다. 그는 이것이야말로 인간을 신으로부터 분리하여

신을 인간 세계 바깥의 '너머'에 두는 모든 종교의 귀결이라고 단언한다. 이런 신 개념은 실은 인간 본성의 한 측면을 투사한 것이라고 헤겔은 주장한다. 불행한 의식이 깨닫지 못하는 것은 자신이 숭배하는 신의 영적 속성이 실은 **의식 자체**의 속성이라는 사실이다. 불행한 의식이 소외된 정신이라는 것은 이런 의미에서다. 불행한 의식은 자신의 본질적 성격을 영영 닿을 수 없는 장소, 자신이 살아가는 현실 세계를 상대적으로 비참하고 하찮은 곳으로 보이도록 하는 장소에 투사한 것이다.

불행한 의식에 대한 헤겔의 논의를 그의 다른 저작과 분리하여 읽으면 그가 모든 종교를, 적어도 유대교와 기독교를 비롯하여 신이 인간 세계와 별개의 존재라는 개념에 바탕을 둔 종교를 공격한다고 생각할 만도 하다. 헤겔은 그런 신의 존재를 죄다 부정하고 신에 대한 우리의 믿음을 우리 자신이 가진 본질적 특징의 투사로 설명하는 듯하다. 범신론, 즉 인류 자체를 신성하게 여기는 인본주의만이 이 비난으로부터 무사할 것이다. 하지만 앞에서 보았듯 헤겔은 루터파 교인이었으며 『역사철학』을 비롯한 여러 저작에서, 심지어 『정신현상학』 자체의 후반부에서 프로테스탄트 기독교를 훨씬 긍정적인 관점에서 바라본다. 그렇다면 헤겔은 후기 저작과 개인적 행동에서는 자기 종교관의 급진적 예봉을 꺾은 것일까? 앞에서 자기 국가관의 급진적 예봉을 꺾었(던 것처럼 보이)듯 말이다. 헤겔 사후에 일군의 청년 급진파가 헤겔 철학의 이 견해를 받아들였다. 그들은 자신들이 헤겔 사상의 진실하고 비타협적인 정수를 따른다고 생각했으며 헤겔의 '불행한 의식'론에 특별히 중점을 두었다. 이 뒷이야기는 마지막 장에서 살펴볼 것이다.

정신의 목표

『정신현상학』의 큰 덩어리는 건너뛰겠다. 우리가 다루지 않는 부분 중 일부는 지루하고 모호하지만 또다른 일부는 흥미와 중요성 면에서 우리가 방금 논의한 것과 맞먹는다. 이따금 철학책에서 기대되는 바로 그 주제들이 등장하기도 한다. 피히테와 칸트의 형이상학 개념이 논의되고 쾌락주의 비판도 나온다. 칸트의 윤리학을 논의할 때는 앞서 『법철학』에서 본 것과 비슷한 반론을 제기한다. 헤겔 시대에 낭만주의 운동을 통해 유행한 풍조도 비판적으로 분석한다.

유별난 주제도 있다. 이를테면 관상학과 골상학에 대한 기다란 절이 있는데, 이것은 얼굴 형태(관상학)나 두개골 융기(골상학)로부터 그 사람의 성격을 알아내려는 유사 과학이다. 헤겔은 관상학과 골상학에 반대하는데, 그것은 틀렸다는 증거가 있거나 그에 못지않게 뻔한 이유에서가 아니라 정신이 얼굴이나 두개골처럼 물질적인 것에 얽매일 수 없다는 철학적 이유에서다.

또다른 유별난 점은 애덤 스미스 학파의 '자유방임적' 경제 이론을 토대로 건설된 사회를 분석하는데, 이 이론에서는 각 사람이 자신을 위해 부를 쌓지만 실은 자신의 노동으로 모든 사람의 번영에 이바지한다고 주장한다. 이에 대한 헤겔의 반론은—나중에 자유 기업 경제학을 비판하는 과정에서 마르크스주의자와 비(非)마르크스주의자 둘 다 이를 받아들이고 중요시했다—자유방임적 경제 체제가 개인으로 하여금 사적 이익을 추구하도록 부추김으로써 개인이 자신을 더 큰 공동체의 일원으로 보지 못하도록 한다는 것이다.

이 다양한 주제와 그 밖의 수많은 주제는 정신이 절대지에 이르기 위해 밟아야 하는 여정에 대한 헤겔의 관념에 녹아 있다. 앞에서 우리는 헤겔이 자의식적 정신 없이는 타당한 앎이 있을 수 없다고 어떻게 주장하는지, 세상에 대해 노동하고 세상을 바꿈으로써 어떻게 자의식이 발전하는지 살펴보았다. 이 논점을 출발점 삼아 헤겔은 인류 역사 전체를 정신의 발전 과정으로서 조망한다. 고대 그리스, 로마 제국, 계몽주의, 프랑스 혁명 같은 역사적 시기가 『역사철학』에서처럼 중요하게 언급된다. 이 시기는 정신이 자유를 향해 나아가는 단계들이다. 『법철학』에서 설명한 유기적 공동체의 많은 요소들도 마찬가지다. 이렇듯 폭넓은 유사성이 있긴 하지만, 『정신현상학』에서 이 내용을 다루는 방식과 나중에 『역사철학』과 『법철학』에서 다루는 방식에는 차이가 있다. 그중 세 가지를 언급하겠다.

독자가 한눈에 알아볼 수 있는 차이는 『정신현상학』에서 구체적인 나라, 시기, 날짜, 사건, 사람을 하나도 거명하지 않는다는 것이다. 대개는 어떤 구체적 시기와 사건을 가리키는지 분명히 알 수 있지만—특히 『역사철학』에 친숙한 독자에게는—모든 것은 정신이 자기실현 충동의 내적 필연성에 의해 통과할 수밖에 없는 일반적 과정의 사례로만 간주된다. 마치 사람, 시간, 장소를 구체적으로 지목했다면 사람이나 상황이 달라졌을 때 사정이 달라졌을지도 모른다고 암시하는 듯하다. 헤겔은 정신의 발전이 화성에서 일어났더라도 자신이 서술하는 과정이 그대로 일어났으리라는 인상을 주고 싶어한다. 사실 『정신현상학』의 문체가 하도 추상적이고 시간과 장소의 감각이 완전히 결여되어 있어서, 설령 정신이 화성에서 발전했더라도 헤겔은 한 글자도 바꿀 필요가 없었을 것이다.

둘째 차이는 『역사철학』과 『법철학』 둘 다 프로이센 군주제 형태를 닮은 국가의 건설에서 정점에 이르는 반면에 『정신현상학』에서는 이런 종류의 국가가 아예 언급조차 되지 않는다는 것이다. 『역사철학』에 대응하는 절들은 프랑스 혁명으로 끝난다. 프랑스 혁명은 자신에게 세상을 변화시키고 스스로의 의지에 따라 정치적·사회적 삶을 빚어낼 능력이 있음을 자각하는, 절대적 자유의 상태에 있는 정신을 나타낸다는 점에서 역사의 정점이다. 『역사철학』에서 제시한 것과 비슷한 이유에서 헤겔은 프랑스 혁명의 추상적 자유가 그 대립물—자유로운 자아의 부정인 공포와 죽음—로 필연적으로 귀결된다고 묘사하지만 『정신현상학』에서는 그 뒤로 정치적 발전이 전혀 일어나지 않는다. 정신의 경로는 더 고상한 차원으로 옮겨 가는데, 처음에는 칸트, 피히테, 낭만주의자가 제시한 도덕적 세계관에서 정신의 종교적 상태로, 마지막으로 (철학에 의해 성취되는) 절대지 자체로 이동한다.

『정신현상학』에서 프로이센 국가를 전혀 언급하지 않는 이유는 분명하지 않다. 헤겔이 이 책을 썼을 때 그는 프로이센이 아닌 예나에서 가르치고 있었다. 게다가 그가 집필한 때는 나폴레옹 전쟁 시기여서 프랑스가 유럽의 패권을 차지하고 있었으며 게르만 국가들의 미래는 예측할 수 없었다. 그렇기에 프로이센 국가의 부흥을 예견하고 이를 철학적 역사의 정점으로 삼으려면 대단한 선견지명이 있어야 했을 것이다. 이런 국가에 대한 언급이 (납득할 만한 이유에서) 누락된 덕에 『정신현상학』은 헤겔이 후기 저작에서 자신의 정치적 주인을 기쁘게 하려고 진짜 견해를 뭉뚱그렸다고 믿는 사람들에게 인기를 끌었다.

『정신현상학』과 후기 저작의 셋째 주된 차이는 『역사철학』

에서 역사의 전개를 자유 개념의 의식이 앞으로 나아가는 과정으로 묘사하는 반면에 『정신현상학』에서는 앞에서 보았듯 절대지를 향한 발전을 강조한다는 것이다. 이 표현들을 일반적 의미로 받아들이면 두 저작에 나타난 헤겔의 견해는 서로 다르고 양립 불가능해 보인다. 물론 앎의 능력이 있으면서도 폭군의 감옥에 갇혀 있는 사람이 있는가 하면 열대의 섬에서 완전한 자유를 누리면서 학문이며 정치며 철학에 대해서는 행복하게 무지한 사람도 있다. 하지만 이제 헤겔에 대해 알 만큼 알았으니 그의 표현을 일반적 의미로 받아들이는 것에는 주의해야 한다. 헤겔에게서는 절대지와 참된 자유를 분리할 수 없다. 『정신현상학』에서 우리의 최종 과제는 헤겔이 말하는 절대지가 무슨 뜻인지 이해하는 것이다. 그러려면 우선 자유 개념의 의식이 앞으로 나아가는 것이 왜 정신이 절대지를 향해 나아가는 것과 동일시되는지 이해해야 한다.

앞에서 우리가 헤겔의 자유 개념을 논의하면서 밝혀낸바 헤겔은 우리가 다른 사람이나 사회적 조건, 타고난 욕망에 강요받지 않고서 선택할 수 있을 때 자유롭다고 생각한다. 나는 논의를 마무리하면서 우리가 헤겔의 사상 체계를 총체적으로 좀더 알게 되면 이 견해를 더 잘 이해할 수 있을 것이라고 약속했다. 이제 우리는 『정신현상학』에서 헤겔이 인간의 모든 역사를 정신 발전의 필연적 경로로 여긴다는 사실을 알게 되었다. 헤겔이 정신을 역사의 추진력으로 간주한다는 사실은 그가 왜 우리 자신의 욕망이—타고난 욕망이든 사회적으로 조건화된 욕망이든—자유에 대한 제약이라고 주장하는지에 대한 실마리를 던진다. 헤겔에게 자유는 내키는 대로 할 자유가 아니다. 헤겔의 자유는 자유로운 정신을 가지는 데 있다. 정신은 나머지 모든 것을 다스려야 하며 자신에게 통제권이 있음을 알아야 한다. 그렇다고 해서 칸트에게서처럼 자연의 비(非)지성적 측면을 단순히 억압해야 한다는 뜻은 아니다. 헤겔은 전통적인 정치 제도에 나름의 자리를 마련해주듯 우리의 타고난 욕망과 사회적으로 조건화된 욕망에도 나름의 자리를 마련해주지만, 그 자리는 정신에 의해 정돈되고 통제되는 위계 내에서의 자리다.

헤겔이 말하는 진정한 자유는 앞에서 보았듯 합리적 선택에서 찾을 수 있다. 이성은 지성의 본질적 성격이다. 어떤 강압에도 휘둘리지 않는 자유로운 정신은 강물이 산이나 언덕에 휘둘리지 않고 곧장 바다로 흘러가듯 수월하게 이성을 따를 것이다. 이성에 걸림돌이 되는 것은 무엇이든 정신의 자유를 제약한다. 정신이 모든 것을 통제하려면 모든 것이 합리적으로 정돈되어 있어야 한다.

또한 앞에서 보았듯 헤겔은 이성을 본질적으로 보편적인 것으로 간주한다. 이성이 정신의 본질적 매체라면 정신은 당연히 본질적으로 보편적이다. 개개인의 특정한 정신들이 연결된 것은 공통의 보편 이성을 공유하기 때문이다. 헤겔이라면 더 강하게 표현했을 것이다. 개개인의 특정한 정신들은 본질적으로 보편적인 것, 말하자면 정신 자체의 측면들이라고. 세계를 합리적으로 정돈하고자 할 때의 가장 큰 걸림돌은 자신의 정신이 이 보편적 정신의 일부임을 개개인이 알아차리지 못한다는 것에 불과하다. 정신은 이 걸림돌을 깎아내며 자유를 향해 나아간다. 『정신현상학』 첫머리에서 의식이 앙상한 구체적 '이것'의 앎에 국한되었으며 언어에 함축된 보편적 용어를 받아들일 수밖에 없었음을 떠올려보라. 그 지점으로부터의 각 걸음은 정신이 스스로를 합리적이자 보편적인 것으로 생각하도록 이끄는 구불구불한 길을 따라 내디디는 걸음이었다. 이것이 자유를 향한 길인 것은 개개인의 정신이 스스로의 관념에 갇혀 이성의 힘이나 그 본질적으로 보편적인 성격을 이해하지 못하면 합리적 선택에서 자유를 찾을 수 없기 때문이다.

이것을 이해하면 자유와 앎의 연관성을 파악하는 것은 어렵지 않다. 인간이 자유로워지려면 자신의 지성에 합리적이고 (그렇기에) 보편적인 성격이 있음을 온전히 자각해야 한다고 말하는 것으로 충분하다. 이 자각이 절대지다. 헤겔은 『역사철학』에서 이렇게 썼다.

> 이집트 정신이 이집트인의 의식에 과제의 형태로 등장한 것을 나타내는 것으로, 사이스의 수호신 네이트의 유명한 묘비명을 들 수 있다. "나는 현재에도, 과거에도, 미래에도 변함없이 나다. 나의 베일을 벗긴 자는 아무도 없었다." (…) 이집트의 네이트가 숨기고 있던 진리를 그리스의 아폴론이 해결한다. 그의 입에서 나온 것은 "인간이여, 너 자신을 알라!"라는 성구이다. 이 성구가 의미하는 바는 자기의 특수한 약점이나 결점을 알라는 것이 아니다. 특정 인간에게 자기의 특성을 알라는 것이 아니라, 모든 인간이 자기 자신을 알 것을 요구하고 있다.〔『역사철학 강의』 216쪽〕

그와 동시에 모든 인간이 자유로워질 것을 요구한다고 덧붙여도 좋았을 것이다.

절대지

앞에서 보았듯 『정신현상학』의 목표는 절대지이며, 이것은 역사의 목표가 자유 의식이라는 것과 관계가 있다. 자기지식은 앎의 한 형태이자 헤겔의 자유 개념에서 토대를 이룬다. 하지만 헤겔은 왜 자기지식을 '절대지'라고 부를까? 자기지식이 앎의 일부이기는 하지만 결코 전부는 아니지 않은가? 어쨌든 심리학은 여러 학문 중 하나에 불과하며 여기에 인류학, 생물학, 역사학, 진화학, 사회학을 비롯하여 우리 자신에 대한 앎에 이바지할 수 있는 모든 학문을 더하더라도, 이 범주와 아예 동떨어져 있으며 기껏해야 아주 미미한 관계만 있을 뿐인 지질학, 물리학, 천문학 등 수많은 앎의 영역이 있다. 이 학문들은 절대지의 일부가 아닌 걸까?

이 반론에는 두 가지 오해가 있다. 하나는 쉽게 해소할 수 있다. 헤겔이 말하는 '절대지'는 모든 것에 대한 앎이 아니다. 절대지는 세계의 단순한 겉모습에 대한 앎과 대조적으로 있는 그대로의 세계에 대한 앎이다. 절대지를 얻고 싶다고 해서, 알 수 있는 모든 사실을 알아야 할 필요는 없다. 우주에 대해 더 많은 사실을 알아내는 것은 과학자의 임무다. 헤겔의 목표는 우리가 가진 앎의 양을 늘리는 과학자의 목표가 아니라 참된 앎이 어떻게 가능한가를 밝히는 철학적 목표였다.

둘째 오해를 불식하려면 궁극적 실재의 본성에 대한 헤겔의 입장을 설명해야 한다. 헤겔은 '절대적 관념론자'를 자처했다. 영어 단어 '아이디얼리즘'의 철학적 의미는 일상적 용법과 달라서 고매한 이상을 품거나 도덕적 완벽을 추구하는 것과는 무관하다. 사실 철학 용어로서의 '아이디얼리즘(idealism)'은 'ideal-ism'(이상론)이라기보다는 'idea-ism'(이데아론)이어야 한다. '관념'이, 더 폭넓게는 우리의 정신, 생각, 의식이 궁극적 실재를 구성한다는 의미이기 때문이다. 이와 반대되는 견해인 유물론에서는 궁극적 실재가 정신적이지 않고 물질적이라고 주장한다. (이원론자는 정신과 물질이 둘 다 실재라고 생각한다.)

그러므로 헤겔은 궁극적 실재가 물질이 아니라 정신이라고 믿는다. 또한 그는 『정신현상학』이 이 결론으로 이어진다고 믿는다. 감각적 확신의 단계를 시작으로, 정신과 독립적인 객관적 실재에 대한 앎을 얻으려던 시도는 모조리 실패했다. 감각 기관이 얻은 날정보는 의식이 만들어낸 개념 체계에 들어가지 않으면 무의미하다는 사실이 입증되었다. 앎이 가능하려면 의식은 세계를 지적으로 형성하고 분류하고 정돈해야 했다. 이른바 '물질적 대상'은 의식과 독립적으로 존재하는 사물이 아니라 '소유'와 '실체' 같은 개념을 비롯한 의식의 구성물인 것으로 드러났다. 자의식의 차원에서 의식은 과학 법칙을 스스로 만들어낸 법칙으로 인식했으며, 그리하여 처음으로 정신은 자신을 탐구의 대상으로 삼았다. 의식이 물질적 대상에 작용하고 물질적 대상을 자신의 (그 대상이 어때야 하는가에 대한) 상에 맞춰 빚어냄으로써 세계를 지적으로뿐 아니라 실천적으로 형성하기 시작한 것 또한 이 단계에서다. 그런 다음 자의식은 자신의 사회적 세계도 형성하기 시작했는데, 이 과정은 이성이 모든 것 위에 군림한다는 발견으로 정점에 이르렀다. 말하자면 우리는 정신이 실재를 알게 되는 경로를 되밟았을 뿐인데 그 길의 끝에서 우리는 정신이 실재를 **구성**하는 광경을 지켜보고 있었음을 알게 된다.

이러한 정신의 창조물로서의 실재라는 개념을 통해서만 헤겔은 (우리가 실재에 대한 참된 앎을 얻을 수 있음을 밝히겠다던) 『정신현상학』 서론의 약속을 지킬 수 있다. 실재를 파악하는 도구나 매체로서의 앎 개념을 헤겔이 싸잡아 경멸했음을 떠올려보라. 이 모든 개념은 앎을 실재와 분리한다고 헤겔은 말했다. 영원히 앎을 넘어선 '물자체'의 개념을 내세운 칸트가 이 비판의 표적 중 하나였음은 분명하다. 칸트와 대조적으로 헤겔은 "지가 이제 더이상 앞으로 나아갈 필요가 없"는 지점, 즉 실재가 더는 불가지의 '너머'가 아니며 정신이 실재를 직접 알고 실재와 하나가 되는 지점에 『정신현상학』이 도달할 것이라고 장담했다. 이제 우리는 이 모든 것이 무슨 뜻인지 이해할 수 있다. **자신이 알고자 하는 것은 그 자신**임을 정신이 깨닫는 순간이 절대지에 도달하는 순간이다.

이 점이야말로 『정신현상학』을 총체적으로 이해하기 위한 열쇠다. 이것은 아마도 내가 이 책에서 설명하려는 헤겔의 모든 사상 중에서 가장 심오한 것일 테니 처음부터 다시 되짚어 보도록 하겠다.

실재는 정신에 의해 구성된다. 처음에 정신은 이 사실을 깨닫지 못한다. 정신은 실재를 자신과 독립적인 것으로, 심지어 자신에게 적대적이거나 낯선 것으로 여긴다. 이 시기에 정신은 자신의 창조물로부터 소외된다. 정신은 실재에 대한 앎을 얻으려 노력하지만 이 앎은 참된 앎이 아니다. 정신은 실재를 있는 그대로 인식하지 않기에 자신이 파악할 수 없는 신비로운 것으로 간주하기 때문이다. 정신은 실재가 자신의 창조물임을 깨달을 때에야 '너머'를 향한 추구를 그만둘 수 있다. 그런 다음 정신은 자신의 너머에 아무것도 없음을 이해하며 그러면 자신을 아는 것처럼 실재를 직접적으로 알게 된다. 그리하여 정신과 실재는 하나가 된다. 헤겔이 『정신현상학』을 마무리하는 절에서 말하듯 절대지는 "정신의 형태 속에서 자기를 아는 정신"이다.(『정신현상학 2』 349쪽)

그리하여 헤겔은 자신의 거대한 작업에 대담하고도 찬란한 종지부를 찍었다. 그는 철학의 근본 문제에 대해 놀랄 만한 해법을 내놓았으며 그와 동시에 왜 역사가 자신이 실제로 밟은 길을 밟을 수밖에 없었는지 밝혀냈다. 그의 방대한 체계가 탄탄한가는 별개 문제이지만, 그 체계가 우리 눈앞에서 허물어지더라도 그 설계의 폭과 독창성에는 감탄하지 않을 수 없다.

헤겔의 설계에는 여행 가이드가 언급하지 않고는 못 배길 특징이 하나 있다. 절대지가 언제 성취되는지 자문해보라. 물론 정답은 정신이 실재가 자신의 창조물임과 자신이 알아야 할 '너머'가 없음을 이해하는 순간이다. 그런데 이것은 언제

일어날까? 실재에 대한 이 관념이 『정신현상학』의 결말이므로 그것은 헤겔 자신의 정신이 우주의 본성을 파악할 때 일어나야 한다. 헤겔의 관점에 따르면 헤겔 자신이 실재의 본성을 이해할 때 정신은 마지막 안식처에 이른다. 철학을 통틀어 이보다 거창한 결론은 찾기 힘들다. 『정신현상학』의 끝머리는 모든 인류 역사의 정점을 단순히 '서술'하는 것이 아니다. 그 자체가 정점이다.

두 가지 의문

헤겔의 철학적 자신감이 하도 대단해서 여기에 의문을 제기하는 것이 옹졸해 보일 지경이다. 그럼에도 사실상 저절로 떠오르는 여러 의문이 있다. 중요한 것 두 가지만 간단하게 살펴보자.

첫째 의문은 헤겔의 관념론과 관계가 있다. 감각 기관이 받아들인 날정보를 체계화하는 지성이 없으면 앎이 있을 수 없다는 것은 납득할 수 있다. 인간이 세상에 대해 행동함으로써 (이론적으로뿐 아니라) 실천적으로 세상을 빚어낸다는 것도 수긍할 수 있다. 하지만 이 모든 것과 그 이상까지 감안하더라도, 여전히 무언가가 우리의 경험과 독립적으로 '저 바깥'에 있어야 한다는 확고한 신념은 잦아들지 않는다. 어쨌거나 정신이 감각 기관으로부터 받아들인 날정보—감각적 확신의 차원에서 의식에 직접적으로 나타나는 '이것'—에 자신의 범주를 부여한다고 말하는 것은 날정보가 어딘가에서 온다는 것을 전제하는 것이다. 헤겔은 이 날정보가 앎에 해당한다는 것을 부정할 수는 있겠지만 정신 자체의 바깥에 무언가가 존재함을 날정보가 시사한다는 사실은 부정할 수 없다. 정신이 세상에 대해 작용함으로써 세상을 실천적으로 빚어낸다는 견해에 대해서는 똑같은 반론을 더 명백하게 제기할 수 있다. 미켈란젤로가 다비드 상을 구상하고 대리석 덩어리를 장만하여 이것을 자신의 구상에 맞는 조각상으로 바꿨을지는 모르지만, 애초에 대리석이 없었다면 거기까지 도달하지 못했을 것이다.

이런 논리의 흐름에서 칸트는—실천적이라기보다는 이론적 영역에서—불가지의 '물자체'라는 개념을 상정했다. 헤겔은 물자체 개념을 야멸차게 비판했지만, 이 개념이 없어도 괜찮다는 것을 과연 밝혀냈을까?

둘째 의문도 헤겔의 관념론에서 흘러나온다. 관념론자 중에는 주관론자도 있는데, 그들은 궁극적 실재란 자신의 생각과 감각이라고 주장한다. 정신이 다르면 생각과 감각도 다를 수 있다. 정말 그렇다면 한 정신의 내용을 참으로 판단하고 다른 정신의 내용을 거짓으로 판단할 방법은 존재하지 않는다. 사실 이 견해에 따르면 이렇게 분류하는 것이 무의미하다. 개별적 정신의 생각과 감각 너머에 있는 객관적 실재를 전제하는 오류를 범한 것이기 때문이다. 헤겔은 무수히 많은 정신에 해당하는 무수히 많은 '실재'가 있다는 견해를 거부한다. 그는 자신의 관념론을 주관적 관념론과 구별하기 위해 '절대적 관념론'이라고 부른다. 헤겔에게 실재는 하나뿐이다. 궁극적으로 정신은 하나뿐이기 때문이다.

이제 우리는 『정신현상학』을 탐구하면서 처음 품었던 의문으로 돌아왔다. 오직 하나의 정신만 있다고 헤겔이 믿는다면 그가 말하는 '정신'이란 대체 무슨 뜻일까? 어떤 집단적이거나 보편적인 정신을 뜻하는 것은 분명하다. 그렇다면 종교적 함의를 담은 '스피릿'으로 번역하는 게 낫지 않았을까? 집단적 정신 개념은 기본적으로 종교적 개념 아닌가? 이것을 헤겔의 신 관념으로 간주하면 안 될까?

아마도. 하지만 우리가 결국 이 견해를 받아들일 수밖에 없더라도, 애초에 '스피릿'이라는 번역어를 선택했을 때보다는 헤겔의 입장에 담긴 모호함과 불확실함을 더 잘 이해할 수 있을 것이다.

헤겔의 정신 개념에 불확실한 구석이 남아 있다는 사실은 부정할 수 없다. 한편으로 그에게 집단적이거나 보편적인 정신의 개념이 필요한 것은 주관적 형태의 관념론을 피하기 위해서일 뿐 아니라 정신이 모든 실재를 자신의 창조물로 보게 된다는 자신의 견해를 보완하기 위해서이기도 하다. 수백만 개의 개별적 정신이 있다면 어떤 하나의 정신도 실재의 상당 부분을 자신의 현실적 창조물로 여길 수 없을 것이다. 실재의 상당 부분은 다른 정신들의 현실적 창조물로 이루어질 것이기 때문이다. 정신이 절대지에 도달하기 전에 세계를 생각하는 방식—세상을 자신에게 독립적이고 (심지어) 적대적인 것으로 여기는 것—은 전혀 기만이 아니라 말 그대로의 진리임이 종종 입증된다. 이 모든 것을 감안하면 헤겔의 '정신'을 일종의 우주적 의식으로 해석하는 수밖에 없는 듯하다. 물론 이것은 우주와 분리된 전통적 신 개념이 아니라 만물이 하나라는 동양 철학의 개념에 가깝다.

다른 한편으로 헤겔은 이성의 철저한 옹호자를 자처했다. 그가 정신에 대해 말하는 것과 말해야 하는 것이 이것과 조화를 이룰 수 있을까? 한 가지 방법은 의식이 어느 정도까지 필연적으로 사회적인지에 대한 헤겔의 믿음을 매우 진지하게 받아들이는 것인지도 모른다. 『정신현상학』 첫 절에서부터 헤겔은 앎이 앎이려면 소통될 수 있어야 한다고 주장한다. 언어가 꼭 필요하다면 완전히 독립적인 의식의 개념은 배제된다. 의식이 자의식으로 발전하려면 다른 의식과 상호 작용을 해야 한다. 결국 정신은 합리적으로 조직된 공동체에서만 자유와 자기이해를 찾을 수 있다. 따라서 정신은 동떨어진 원자들이 아니라 연합의 사건들을 통해 서로 연결된다. 개별적 정신은 더불어 존재하지 않으면 아예 존재할 수 없다.

헤겔의 사회적 정신 이론이 중요하긴 하지만—특히 이후의 사상에 끼친 영향 때문에—정신이 스스로와 하나라는 그의 앎 개념을 이해하기에는 미흡할지도 모르겠다. 하지만 동원할 수 있는 둘째 요소가 아직 남아 있다. 그것은 이성의 보편적 성격이라는 개념이다. 앞에서 이미 보았듯 헤겔은 이성을 정신의 본질적 원리이자 본질적으로 보편적인 것으로 여긴다. 따라서 이렇게 말할 수 있다. 개별적 정신이 참으로 정신이고 이기적이거나 변덕스러운 욕망이 아닌 한 모두가 실제로 서로 조화를 이루어 생각하고 행동할 것이며 모두가 실제로 서로를 똑같은 본질적 성격을 가진 존재로 인식할 것이다. 이 본질적 성격—'보편적 정신'—은 개별적 정신도 아니요 집단적 정신도 아니요 그저 합리적 의식이다.

이것은 이성과 정신의 성격에 대한 극단적이고 일면적인 견해일지도 모른다. 헤겔의 정치철학과 마찬가지로 인간 정신들 간의 조화 가능성에 대한 오도된 낙관주의에 바탕을 두고 있을지도 모른다. 하지만 우주적 의식의 신비주의적 합일 속에 칩거하는 것은 아니다. 이것이 『정신현상학』의 중심 메시지를 정확히 해석한 것인지는 별개 문제이지만.

제 5 장

논리학과 변증법

머리말에서 말했듯 나는 헤겔의 『논리학』을 설명할 의향이 없다. 그렇긴 하지만 『논리학』이 헤겔 철학의 전체 체계에서 중요하지 않거나 주변적인 저작이라는 그릇된 인상을 독자에게 남기고 싶지도 않다. 그래서 헤겔이 『논리학』에서 이루고자 한 것이 무엇인지 언급하고자 한다. 그와 더불어 논리학에서 헤겔의 가장 위대한 발견으로 손꼽히는 변증법을 설명할 것이다.

헤겔의 논리학 개념

헤겔은 『논리학』 서론에서 논리학의 목표가 진리라고 말한다. 그거야 좋다지만, 어떤 종류의 진리라는 것일까? 헤겔은 우선 전통적 진리관을 언급하는데, 이 진리관은 형식과 내용의 구분에서 출발하며 논리학을 내용과 상관없이 참되거나 타당한 사유의 형식에 대한 연구로 간주한다. 일반적으로 통용되는 논리학에서 다루는 논증 형식은 아래와 같다.

A인 것은 모두 B다
x는 A다
따라서 x는 B다

이것이 내용 없는 형식이다. A, B, x 자리에는 각각 '인간', '죽는', '소크라테스'를 쓸 수도 있고 '네발 동물', '털이 있', '내 애완용 거북'을 쓸 수도 있다. 어떻게 하든 논증은 타당하지만, 거짓된 전제가 있으면 결론도 거짓일 수 있다. 타당성은 형식의 문제이지 내용의 문제가 아니다. 논리학자는 내용에 관심이 없다.

이렇듯 형식과 내용이 분리되기에 논리학은 실제 세상에 대해 아무 말도 하지 않는다. 논리학에서 서술하는 논증의 형식은 인간이 죽지 않거나 거북에게 털이 나더라도 달라지지 않는다. 인간이나 거북이 전혀 없어도 마찬가지다.

『정신현상학』에서 헤겔이 앎의 문제를 탐구하기 시작하면서 인식 주체와 인식 대상을 구분하는 통념에 도전했음을 떠올린다면 헤겔이 형식과 내용의 전통적 구분을 언급하는 것은 오로지 부정하기 위해서라는 사실이 놀랍지 않을 것이다. 헤겔은 논리학이 사유를 연구하는 학문이라고 말하지만, 『정신현상학』에서 이미 그는 사유와 독립적인 객관적 실재가 존재하지 않음을 밝혔다. 사유가 객관적 실재이며 객관적 실재가 사유다. 따라서 논리학이 사유를 연구하는 것은 곧 실재를 연구하는 것이다. 헤겔은 이 논점을 제기하며 이렇게 말한다. "'사상(事象)'이라는 단어를 여전히 쓰고 싶다면 논리학의 내용은 참된 신성한 사상이다." 이어서 논리학의 대상에 대해 몇 가지 개념을 제시한다. 헤겔에 따르면 논리학은 "군더더기가 없는 진리 자체"이며, 달리 표현하자면 "이 논리학의 내용이 곧 자연과 유한적인 정신의 창조에 앞서서 이미 그의 영원한 본질 속에 깃들인 신(神)의 서술"이다.(『대논리학 1』 37쪽)

월터 카우프만은 이것을 "헤겔의 저작을 통틀어 가장 정신 나간 개념"이라고 부르지만, 여기서 암시하는 것은 논리학이 세상에 대해 아무 말도 하지 않는다는 전통적 논리관과 전혀 동떨어진 것은 아니다. 논리학이 자연과 유한한 정신의 세계에 대한 것이 아니라는 말은 전통적 논리관을 부분적으로 받아들인 것이다. 헤겔이 가장 완강히 거부하는 부분은 자연과 사람들의 세계에서'만' 실재, 또는 진리를 찾을 수 있다는 생각이다. 헤겔의 절대적 관념론에 따르면 궁극적 실재는 물질적인 것이 아니라 정신적인 것이나 지적인 것에서 찾아야 한다. 구체적으로 말하자면 이성적 사유에서 찾아야 하는 것이다. 따라서 논리학은 인간의 유한한 정신이나 자연 세계에서 나타나는 구체적 형태로부터 추상화된 순수한 형태의 궁극적 실재를 연구하는 학문이다.

정신이 궁극적 실재라는 헤겔의 견해는 논리학의 중요성에 대해 그 이상의 의미가 있다. 정신이 세계를 형성하므로, 이성적 사유를 연구하면 세계가 형성되는 원리를 밝힐 수 있다. 이를 헤겔식으로 표현해보자. 세계의 창조물 앞에서 신의 영원한 본질을 이해하는 것은 세계가 창조된 토대를 이해하는 것이다.

변증법

마르크스는 『자본론』 초고를 쓰던 중 엥겔스에게 보낸 편지에 이렇게 썼다.

> 다루는 방법에서는 내가 우연히도 헤겔의 『논리학』을 다시 훑어봤다는 사실이 큰 도움이 되었네. (…) 이런 작업을 다시 할 짬이 생긴다면 헤겔이 발견했지만 그와 동시에 신비주의로 감싼 방법

에서 합리적인 것을 두세 쪽 분량으로 일반인도 이해할 수 있도록 소개하고 싶네.

물론 마르크스가 말하는 방법이란 헤겔이 학문적 탐구의 "단 하나의 진정한 방법"으로 묘사한 변증법이다.(『대논리학 1』 44쪽) 헤겔은 『논리학』에서 이 방법을 이용하여 순수 사유의 형식을 밝혀낸다.

마르크스는 변증법에서 합리적인 것을 설명할 짬을 결코 내지 못했다. 하지만 많은 사람들이 설명을 시도했는데, 결코 마르크스가 계획한 것만큼 짧지는 않았다. 이 논평가 중 몇몇은 변증법을 이전의 모든 논리학 형식에 대한 대안으로, 이 장 첫 쪽에서 제시한 단순한 삼단 논법 형식 같은 일반적 추론을 대체하는 것으로 치켜세운다. 하지만 헤겔에게는 변증법에 대한 이런 과분한 칭송을 정당화할 만한 구석이 전혀 없다. 또 어떤 사람들처럼 변증법을 심오하고 신비로운 것으로 취급할 필요도 없다. 변증법은 대단한 솜씨가 전혀 없어도 춤출 수 있는 "단순한 리듬"을 가진 방법이라고 헤겔은 말한다.(『대논리학 1』 44쪽)

『정신현상학』을 설명하면서 우리는 변증법의 두 단계를 이미 겪어봤다. 헤겔 말마따나 『정신현상학』은 "이 방법에 관한 한 가지 예를 좀더 구체적인 대상을 통해서, 즉 의식을 통해서 제시한" 작업이기 때문이다.(『대논리학 1』 43쪽) 『정신현상학』에서 묘사했듯 의식을 상대적으로 구체적인 대상으로 생각할 수 있었던 사람은 헤겔뿐이었다. 하지만 헤겔의 후기 저작에서 변증법의 더 구체적인 예들을 찾을 수 있으므로 설명의 편의를 위해 『역사철학』의 사례에서 시작하자.

『역사철학』에서는 하나의 거대한 변증법적 운동이 그리스 세계에서 현재까지의 세계사를 지배한다. 그리스는 관습적 도덕에 기반한 사회, 시민이 자신을 공동체와 동일시하고 공동체에 반하여 행동할 생각을 조금도 하지 않는 조화로운 사회였다. 이 관습적 도덕은 변증법적 운동의 출발점을 이룬다. 전문 용어로는 '정립'이라고 한다.

다음 단계는 이 정립이 스스로가 부적절하거나 모순적임을 드러내는 것이다. 고대 그리스 공동체의 경우 이 부적절함은 소크라테스의 질문을 통해 드러났다. 그리스인들은 독립적 사유를 용납할 수 없었으며 독립적 사상가는 관습적 도덕의 철천지원수였다. 그리하여 관습에 기반한 공동체는 독립적 사유의 원칙 앞에서 무너진다. 이제 이 독립적 사유 원칙이 발전할 차례다. 이것은 기독교하에서 이루어진다. 종교 개혁이 일어나면서 개인적 양심의 최고 권리가 인정받는다. 그리스 공동체의 조화는 사라졌지만 자유가 꽃피었다. 이것이 변증법적 운동의 둘째 단계로, 첫째 단계의 대립 또는 부정이기에 '반정

17. 학생 시절의 카를 마르크스(1818~1883).

립'이라고 부른다.

그러다 둘째 단계도 부적절한 것으로 드러난다. 자유는 그 자체만 놓고 보면 너무 추상적이고 앙상해서 사회의 토대가 될 수 없다. 절대적 자유 원칙은 현실에 적용되면 프랑스 혁명의 공포 정치로 바뀐다. 그러므로 관습적 조화와 개인의 추상적 자유 둘 다 일면적임을 알 수 있다. 두 가지를 보전하고 각각이 가진 일면성의 형식을 피하도록 둘을 합쳐야 한다. 그 결과는 셋째이자 더 적절한 단계인 '종합'이다. 『역사철학』에서 전체 변증법적 운동의 종합은 헤겔 시대의 게르만 사회다. 그가 게르만 사회를 조화롭게 여긴 이유는 그것이 유기적 공동체이면서도 (합리적으로 조직되었기에) 개인의 자유를 보전하는 데 있다.

모든 변증법적 운동은 종합으로 종결되지만 모든 종합이 변증법적 과정을 (헤겔이 보기에) 자기 시대의 유기적 공동체가 역사의 변증법적 운동을 끝낸 것처럼 마무리하는 것은 아니다. 종합이 이전의 정립과 반정립을 적절히 화해시키더라도 다른 점에서 일면적인 것으로 드러날 때도 많다. 그러면 이 종합은 새로운 변증법적 운동의 정립이 되며 이로써 변증법적 과정은 계속된다. 우리는 이런 현상이 일어나는 것을 『정신현상학』에서 여러 번 보았다. 이를테면 의식에 대한 절은 자의식의 출현으로 마무리되었다. 이를 정립으로 삼아 우리는 자의식이 자신을 구별 지을 대상을 필요로 함을 알게 되었다. 외부 대상은 반정립이 될 수 있다. 이것은 불만족스러웠는데, 그것은 외부 대상이 자의식에 낯설거나 적대적인 것이기 때문이다. 이것의 종합은 욕망이었다. 그 속에서 자의식은 외부 대상을 그대로 두되 자신의 것으로 만든다. 그러다 이제는 욕망의 상태가 (말 그대로) 불만족스러운 것으로 드러났기에 우리는 그 자체로 자의식인 외부 대상을 향해 나아갔다. 둘째 자의식은 첫째의 반정립으로 간주될 수 있으며 이 둘의 종합은 주인이 노예를 지배함으로써 인정을 얻는 상황이었다. 이 새로운 종합은 앞선 종합보다 오래가지 못했다. 결국 노예가 주인보다 더 독립적이고 자각적으로 바뀌기 때문이다. 이 반정립은 주인과 노예를 아우르는 철학인 스토아주의에서 종합을 발견했다. (…) 이런 식으로 계속 진행된다.

『논리학』에서는 똑같은 방법이 우리가 생각하는 추상적 범주에 적용된다. 헤겔은 관념 중에서 가장 무규정적이고 내용 없는 것인 앙상한 존재에서 출발한다. 순수한 존재는 순수한 무규정성이며 공허함이라고 헤겔은 말한다. 순수한 존재의 속에는 사유가 파악할 대상이 하나도 없다. 텅 비어 있는, 사실상 무(無)다.

『논리학』의 변증법은 이 놀라운 출발점으로부터 앞으로 나아간다. 첫째 정립인 '존재'는 자신의 반정립인 '무'가 되었다.

존재와 무는 대립물이자 동일물이다. 따라서 둘의 진리는 서로에게 들어가는, 또한 서로에게서 멀어지는 운동, 말하자면 '변화'다.

이렇게 변증법이 전개되지만, 더 따라가지는 않을 것이다. 이 정도면 변증법 개념을 이해하기에 충분하기 때문이다. 헤겔에게 변증법은 설명 방법이지만 그의 말마따나 "대상이나 내용으로부터 전혀 구별될 수 있는 것이 아닌" 방법인데, "바로 이 내용을 끊임없이 움직여 가는 것은 오직 내용 그 자체에 해당하는 것, 즉 다름 아닌 그 내용이 자기 자체로서 간직하고 있는 변증법이기 때문"이다.(『대논리학 1』 44쪽) 사유의 범주, 의식의 발전, 역사의 전개에는 대립하는 요소들이 있으며 이 때문에 안정적으로 보이던 것이 분열되고 이전에 대립하던 요소들을 화해시키는 새로운 것이 나타나지만 이 또한 자신의 내적 긴장을 만들어낸다. 이 과정은 필연적이다. 사유도 의식도 처음부터 적절한 형태로 존재할 수는 없기 때문이다. 적절해지려면 변증법적 발전 과정을 거치는 수밖에 없다. 헤겔에 따르면 변증법이 설명 방법으로 효과가 있는 것은 세상이 변증법적으로 돌아가기 때문이다.

절대 이념

『논리학』에서 헤겔의 최우선 목표는 간단하다. 바로 절대 이념의 필연성을 입증하는 것이다. 이를 위해 헤겔은 앞에서 보았듯 존재의 앙상한 관념에서 출발한다. 그런 뒤에 이 관념이 변증법적 필연성에 의해 더 정확하고 실재의 본성을 진정으로 포착하는 다른 관념들로 바뀌고 이 다른 관념들이 부적합하기에 또다른 관념들을 필요로 하며 마침내 우리는 '절대 이념'에 도달한다는 것을 보인다. 헤겔은 절대 이념을 이렇게 설명한다. "그 밖에 일체(一切)의 것은 오류와 혼돈과 속견일 뿐이며 또한 갈구와 자의(恣意)와 무상(無常)함일 뿐이니, 이제는 오직 절대적 이념만이 존재와 불멸의 생명과 그리고 자기를 깨우치는 진리이며 끝내는 일체의 진리이기도 한 것이다."〔『대논리학 3』(지학사, 1982) 40쪽〕 이렇듯 『논리학』은 의식의 영역이 아니라 관념의 영역에서 이동한다는 것말고는 『정신현상학』과 매우 유사하다. 따라서 『논리학』의 목표는 절대지가 아니라 절대 이념 자체다. 『논리학』이 절대 이념의 필연성을 입증하는 데 성공했는지는 여기서 논하지 않겠지만, 현재 살아 있는 철학자 중에서 헤겔이 성공했다고 믿는 사람을 찾으려면 고생깨나 해야 할 것이다.

그렇다면 '절대 이념'이란 무엇일까? 쉽게 답할 수 있는 질문은 아니다. 가장 좋은 답은 '모든 것'인지도 모르겠다. 하지만 이래서는 별로 배울 게 없으니 더 구체적으로 접근해보겠다.

헤겔은 절대 이념이 "모든 규정성을 자체 내에 포함한"다고 말한다.(『대논리학 3』 410쪽) 이 말은 모든 인간, 모든 나무, 모든 별, 모든 산, 모든 모래알 같은 모든 확정적인 것을 자신 안에 포함한다는 뜻이다. 자연과 정신은 절대 이념의 존재가 현현되는 서로 다른 방식이며 둘은 절대 이념의 서로 다른 형식이라고 헤겔은 말한다. 예술과 종교는 절대 이념을 이해하는 서로 다른 방식이며, 헤겔식으로 표현하자면 예술과 종교는 절대 이념이 **자신**을 이해하는 서로 다른 방식이다. (여기에 관여하는 것이 자기이해임은 인간이 절대 이념의 일부라는 사실에서 도출된다.) 철학 또한 절대 이념을 이해하는 방식이지만, 예술이나 종교보다는 더 높은 형식이다. 절대 이념을 관념적으로 파악하기에 자신의 이해 형식뿐 아니라 미적·종교적 형식까지도 이해하기 때문이다.

자신을 별개의 제한된 형식으로 현현했다가 자신으로 돌아가는 것이야말로 절대 이념의 본질이다. 자기이해는 절대 이념이 자신에게 돌아가는 형식이다. 『역사철학』과 『정신현상학』에서 목격한 이 과정을 우리는 이제 『논리학』에서도 목격한다. 자기이해는 『법철학』에서 묘사한 이상적 상태에서 객관적인 사회적 형태가 된다. 『미학 강의』와 『종교철학 강의』에서 헤겔은 절대 이념을 이해하는 양식으로서 다양한 형태의 예술과 종교가 얼마나 적절한지 평가한다. 표면에서 드러나든 밑에 숨어 있든 절대자의 자기이해는 헤겔 철학을 아우르는 지배적 테마다.

나는 헤겔에게 절대자가 모든 것이라고 말했다. 절대자가 자신을 이해하려 한다고도 말했다. 그리하여 우리는 『정신현상학』 논의의 결론에서 미해결인 채로 내버려둔 물음으로 돌아온다. 헤겔은 전체로서의 우주가, 그 안의 모든 것이 일종의 의식적 실체를 형성한다고 정말로 믿는 걸까? 절대 이념은 신일까?

헤겔이 루터파 교인이기는 하지만, 정통 기독교 일신론자가 아님은 분명하다. 『정신현상학』의 '불행한 의식' 절에서 던지는 메시지는 그의 저작들 다른 곳에서도 자주 반복된다. 신을 세상과 동떨어진 존재로 여기는 것은 인간의 영혼을 소외시키는 것이다. 신이 존재한다면 그는 세계 안에 있으며 인간은 신의 본성을 나눠 가지고 있다.

그렇다면 헤겔은 신이 그저 세계와 동일하다고 주장하는 범신론자일까? 이 해석은 헤겔의 일부 발언과 맞아떨어지지만, 『종교철학 강의』에서 헤겔은 "모든 것이 신이다"라고 주장한 사람이 있다는 사실조차 부정하며 범신론을 명시적으로 거부한다. 헤겔은 구체적인 사물과 유한한 인간이 말 그대로

신이라고는 생각하지 않는 것이 틀림없다.

헤겔이 무신론자일 수도 있을까? 앞에서 보았듯 그는 절대 이념을 이해하는 수단으로서 철학을 종교보다 우위에 놓는다. 이탈리아의 철학자 베네데토 크로체는 헤겔 철학을 이렇게 묘사했다. "헤겔 철학은 급진적으로 비종교적이다. 자신을 종교에 대립시키거나 종교와 나란히 두는 것에 만족하지 않고 종교를 자신 안으로 해소하여 스스로 종교를 대체하기 때문이다." 헤겔 철학이 종교에 중요한 자리를 내어주지 않기에 매우 비종교적이라는 의미에서 크로체는 정곡을 찔렀다. 하지만 헤겔의 사상에는 종교적 틀에 분명히 속한 것도 많다. 『논리학』의 성격을 묘사할 때 쓴 이미지와 비유도 그렇다. 역사철학 또한 역사가 정신의 지도하에 목표를 향해 나아가는 과정을 설명하기 위한 것이다. 궁극적 실재가 스스로를 이해할 수 있다는 그의 견해도 궁극적 실재가 개인적임을 암시한다. 헤겔을 무신론자로 부르는 것은 그의 가장 중심적인 개념들에 어긋난다.

정통 일신론자도 아니요, 범신론자도 아니요, 무신론자도 아니라면 뭐가 남았을까? 몇 해 전에 로버트 휘트모어라는 헤겔 연구자가 헤겔이 내재신론자(panentheist)라고 주장했다. 이 용어는 '신 안의 모든 것'을 뜻하는 그리스어 단어에서 왔는데, 이에 따르면 우주의 모든 것은 신의 일부이지만 신은 우주보다 큰 존재인데—이것이 범신론과 다른 점이다—신은 전체이고 전체는 부분의 총합보다 크기 때문이다. 사람이 자신의 몸을 이루는 모든 세포보다 크듯—물론 몸과 분리되면 아무것도 아니지만—이 견해에 따르면 신은 우주의 모든 부분보다 크지만 우주와 분리되어 있지 않다. 마찬가지로 어떤 세포 하나도 사람에 해당하지 않듯 우주의 어떤 한 부분도 신에 해당하지 않는다.

휘트모어의 해석이 그럴듯한 것은 신에 대한 헤겔의 구체적 언급과 맞아떨어지기 때문일 뿐 아니라 헤겔 철학의 지배적 테마를 이해할 수 있게 해주기 때문이기도 하다. 신이 절대 이념, 즉 우주의 궁극적 실재요 부분의 총합이라면 우리는 절대 이념이 왜 세계에서 스스로를 현현하고 자기이해를 향해 나아가야 하는지 알 수 있다. 신에게 우주가 필요한 것은 사람에게 몸이 필요한 것과 같은 이치다.

신이 무언가를 결여할 수 있다는 발상은 대다수 종교인에게 반감을 불러일으킨다. 헤겔의 말이 그런 뜻일지도 모른다는 사실은 종교인들이 보기에 그의 철학을 비종교적으로 해석할 이유이지만, 나는 그것이 잘못이라고 믿는다. 헤겔은 신을 영원불변하는 존재가 아니라 세계에서 자신을 현현해야 하고 자신을 현현한 뒤에는 자신을 완벽하게 하기 위해 세계를 완벽하게 해야 하는 본질로서 바라보기 때문이다. 이것은

18. 게오르크 빌헬름 프리드리히 헤겔(1770~1831).

기묘하지만 설득력 있는 관점이다. 이 관점은 진보의 필연성에 엄청난 무게를 싣는다. 역사가 앞으로 나아가는 운동은 신이 완벽을 성취하기 위해 걸어야 하는 길이기 때문이다. 겉보기에 보수적인 헤겔이 급진적 사상가와 혁명적 사상가에게 어마어마한 영향을 끼친 비결이 여기에 있는지도 모르겠다.

제 6 장

헤겔 이후

헤겔이 세상을 떠난 뒤에 그의 추종자를 자처하는 사람들은 두 진영으로 갈렸다. 우선 헤겔 우파라고도 하는 정통파는 헤겔 만년의 방식을 따랐다. 그들은 헤겔의 종교관을 프로테스탄트 기독교와 화해시켰으며 (『법철학』에 표현된) 프로이센 국가에 대한 전반적으로 긍정적인 견해를 받아들였다. 이 보수적 헤겔주의 학파는 주요 사상가를 한 명도 배출하지 못했으며, 베를린에서 몇 해 동안 준(準)공식 철학의 지위를 누린 뒤에 급격히 쇠퇴하여 1860년대가 되자 독일에서 완전히 한물갔다.

나머지 진영은 사뭇 달랐으며 급진적 성향을 지닌 청년들로 이루어졌다. 헤겔을 대하는 이들의 태도는 칸트를 대하는 헤겔의 태도와 같았다. 헤겔은 칸트의 물자체 학설이 칸트 자신의 철학에 담긴 급진적 의미를 관철하지 못한 실패작이라고 여겼는데, 헤겔의 제자들 또한 헤겔이 기독교, 프로이센 국가, 그 시대의 전반적 상황을 받아들인 것을 두고 헤겔 자신의 철학에 담긴 급진적 의미를 관철하지 못한 실패작이라고 여겼다. 이 집단은 청년헤겔학파, 또는 헤겔 좌파로 알려졌다. 미래는 그들의 편이었다.

청년헤겔학파는 헤겔 철학을 더 나은 세상, 개인과 사회의 대립이 극복되는 세상, 합리적으로 조직된 세상, 진정한 자유의 세상, 한마디로 인간 정신과 그 이성 능력의 절대적 우위를 반영하도록 빚어진 세상을 향한 요구로 보았다. 이 더 나은 세상은 청년헤겔학파가 보기에 단지 상상 속에서 불러낸 유토피아적 이상이 아니었다. 그것은 헤겔 체계의 역사적 · 철학적 논증이 도달하는 정점이었다. 그것은 변증법적 필연, 자신들이 살아가는 세상의 대립적 요소들을 화해시키기 위해 출현해야 하는 종합이었다.

청년헤겔학파는 헤겔 철학의 약속이 1830년대 독일로써 실현되었다는 생각을 비웃으며 자신들의 급진적 이상을 달성할 방법을 찾기 시작했다. 처음에 그들은 종교가 인간의 힘이 온전한 잠재력에 도달하도록 하는 사회의 건설을 가로막는 결정적 걸림돌이라고 생각했다. 그들은 『정신현상학』의 '불행

19. 청년헤겔학파의 논쟁 장면을 묘사한 프리드리히 엥겔스(1820~1895)의 그림.

한 의식' 절에 담긴 실마리를 확대하여 종교가 일종의 소외라고 주장했다. 인간은 신을 창조하고, 그런 다음 신이 자신을 창조했다고 상상한다. 인간은 자신이 만든 신의 형상에 앎, 선함, 힘 등 자신의 가장 좋은 것을 채워 넣는다. 그러고서 자신이 만든 이 형상 앞에 엎드려 절하며 자신을 신에 비해 무지하고 죄인이고 연약한 존재로 치부한다. 따라서 인간에게서 온전한 힘을 회복시키려면 인간이야말로 참으로 가장 높은 형태의 신성임을 깨닫도록 하기만 하면 된다.

청년헤겔학파가 이를 위해 쓴 책들은 19세기 종교 사상에 지대한 영향을 끼쳤다. 다비트 프리드리히 슈트라우스는 『예수의 생애Das Leben Jesu: Kritisch bearbeitet』를 썼는데, 이 책은 복음서를 역사적 비평의 대상인 원자료로 취급함으로써 이후의 모든 역사적 예수 연구의 본보기가 되었다. 루트비히 포이어바흐의 『기독교의 본질』은 모든 전통 종교를 인간이 자신의 특질을 다른 영역에 투사한 것으로 묘사했으며, 그렇기에 신앙의 심리학을 전개하려는 최초의 근대적 시도였다. 매리언 에번스가 영어로 번역한 이 책은—그녀는 조지 엘리엇이라는 필명으로 더 유명하며 슈트라우스 번역에도 힘을 보탰다—헤겔 자신의 저작이 독일 바깥에서 거의 알려지지 않았던 시절에 전 세계에 영향을 끼쳤다.

그런 뒤에 청년헤겔학파는 종교 문제에서 벗어났다. 포이어바흐는 더욱 급진적인 태도로 헤겔의 사상을 헤겔 자신과 대립시켰다. 포이어바흐는 헤겔이 세계에 대한 진리를 신비화된 방식으로 표현했다고 비난했다. 헤겔은 정신이 궁극적 실재라고 믿었기에 세계에서의 부조화 문제를 사유 영역의 문제로 치부했으며 그렇기에 철학이 해결할 수 있다고 믿었다. 이제 포이어바흐는 헤겔을 거꾸로 세웠다. 존재가 사유에서 비롯되는 것이 아니라 사유가 존재에서 비롯된다. 인간의 참된 토대가 정신에 있는 것이 아니라 정신의 참된 토대가 인간에게 있다. 헤겔 철학은 그 자체로 일종의 소외다. 현실적이고 살아 있는 사람들의 본질을 그들 바깥의 무언가—'정신 자체'—로 여기기 때문이다. 우리에게 필요한 것은 신학도 철학도 아니요 진짜 사람들을 실제 삶 속에서 연구하는 학문이라고 포이어바흐는 말했다.

청년헤겔학파의 작업을 통해 헤겔 사상의 요소들은 세계 역사에 오래도록 영향을 끼치게 된다. 카를 마르크스가 베를린 대학교에 온 것은 헤겔이 죽은 지 약 6년 뒤였다. 마르크스는 곧장 청년헤겔학파에 몸담았으며 당시에 유행하던 종교 비판에 가세했다. 포이어바흐가 사유의 영역을 넘어서야 한다고 주장하자 마르크스는 열렬히 화답했다. 『경제학-철학 수고』에서 마르크스는 헤겔의 『정신현상학』이 소외를, 또한 노동의 중요성을 훌륭히 설명했다고 칭송했다. 그런 다음 노동

20. 루트비히 포이어바흐(1804~1872).

이 자본주의 체제에서 소외의 핵심 형태라는 자신의 견해를 전개했다. 인류가 해방되려면 소외된 노동이 철폐되어야 한다고, 소외된 노동을 철폐하려면 사적 소유와 그에 따르는 임금 체제를 철폐해야 한다고, 말하자면 공산주의를 실현해야 한다고 마르크스는 말했다.

청년기 저작인 『수고』에서 마르크스가 묘사하는 공산주의는 모든 헤겔주의자들에게 친숙했을 것이다.

> 공산주의는…… 인간과 자연 그리고 인간과 인간 사이의 충돌의 참된 해결이며, 실존과 본질, 대상화와 자기 확인, 자유와 필연성, 개체와 유(類) 사이의 싸움의 진정한 해결이다. 이 공산주의는 역사의 해결된 수수께끼이며, 자신을 이러한 해결로서 알고 있다.〔『경제학-철학 수고』(이론과실천, 2009) 128쪽〕

마르크스는 시간이 흐르면서 헤겔주의적 용어를 덜 썼지만, 헤겔 철학의 변형을 통해 도달한 공산주의의 이상을 결코 버리지 않았다.

오래전에 죽은 사상가들이 돌아와 자기네 사상이 어떻게 되었는지 보고서 뭐라고 말할지 생각해보는 일은, 헛될지라도 흥미진진할 것이다. 그중에서 자기 철학의 역사적 정점이 절대 이념의 이해가 아니라 100년 넘도록 전 세계 혁명 운동에

영감을 불어넣은 공산주의 사회의 이상이었음을 목격할 헤겔 만큼 놀랄 사람은 별로 없을 것이다.

인용 출처

1장과 6장을 제외한 이 책의 각 장은 헤겔의 저작을 하나씩 다룬다. 아래는 이 저작들과 기타 문헌에서 인용한 구절의 출처다. 각 문헌의 판본은 이 인용 출처 뒤의 독서안내 목록에 표시된 것과 같다. 한 구절에서 여러 번 인용했을 경우 처음에만 표시했다. 나머지 인용문은 해당 페이지나 직후 페이지에서 발췌했다. 요약하거나 다시 쓴 문장은 원래 구절을 찾기 힘들 때에만 출처를 표시했다.

1장 헤겔의 시대와 생애

16쪽. 프랑스 혁명에 대한 헤겔의 언급의 출처는 *Philosophy of History*, p. 447. 한국어판은 『역사철학 강의』(동서문화사, 2016) 426쪽.

23쪽. 칸트의 중요성에 대한 헤겔의 평가의 출처는 *Science of Logic*, vol. I, p. 44쪽. 한국어판은 『대논리학 1』(지학사, 1983) 53쪽.

28~29쪽. 헤겔 강의에 대한 묘사는 H. G. Hotho의 글이며 Walter Kaufmann, *Hegel*, pp. 350-1에 수록. 카우프만의 책에는 헤겔의 삶에 대한 그 밖의 상세한 기록들도 실려 있다.

2장 목적이 있는 역사

32~33쪽. 엥겔스는 마르크스의 「정치경제학의 비판을 위하여. 서문」 서평에서 헤겔의 역사적 감각을 찬미했다. K. Marx and F. Engels, *Selected Works* (Foreign Languages Publishing House, Moscow, 1951), vol. I, pp. 337-8. 한국어판은 『칼 맑스 · 프리드리히 엥겔스 저작 선집 2』(박종철출판사, 2008) 487쪽.

36쪽. 역사의 목표를 제시한 유명한 문장의 출처는 *Philosophy of History*, p. 19. 한국어판은 『역사철학 강의』 28쪽. 중국과 인도가 역사의 '바깥'에 있다는 구절의 출처는 p. 116, 페르시아를 진정한 역사의 출발점에 놓는 구절의 출처는 p. 173. 한국어판은 각각 122쪽과 172쪽.

44쪽. 소크라테스에 대한 헤겔의 논의의 출처는 pp. 269-70. 한국어판은 263~265쪽.

45~46쪽. 페르시아 제국과 로마 제국의 구분은 p. 278에서 시작된다. 한국어판은 275쪽.

47~48쪽. 기독교의 특수한 성격에 대한 헤겔의 설명은 p. 333 참고. 한국어판은 317쪽.

50쪽. "결실은 많았으나 불안했던 긴 밤"의 출처는 p. 411. 한국어판은 396쪽.

51쪽. 종교 개혁의 기본 원칙의 출처는 pp. 416-17. 한국어판은 397쪽.

54쪽. 프랑스 혁명에 대한 구절의 출처는 p. 447. 한국어판은 426쪽.

3장 자유와 공동체

61쪽. 쇼펜하우어는 자신의 주저 *Die Welt als Wille und Vorstellung* 제2판 서문에서 헤겔을 공격했다. 한국어판은 『의지와 표상으로서의 세계』(을유문화사, 2015). 인용문은 Popper, *The Open Society and Its Enemies*, vol. II, p. 33에서 재인용. 한국어판은 『열린 사회와 그 적들 II』(민음사, 2008) 65쪽. 헤겔의 목표에 대한 포퍼 자신의 평가는 앞 쪽에 있다.

63쪽. 이사야 벌린의 「자유의 두 개념」은 그의 *Four Essays on Liberty* (Oxford University Press, London, 1969)에 수록. 한국어판은 『이사야 벌린의 자유론』(아카넷, 2014).

63쪽. 소극적 자유관에 대한 헤겔의 반박의 출처는 *The Philosophy of Right* 15항. 한국어판은 『법철학』(한길사, 2008) 91쪽 이하.

69쪽. '쾌적한'에 대한 언급은 '추기'에 실려 있는데, 이것은 헤겔의 편집자들이 학생들의 헤겔 강의 필기를 이용하여 191항에 덧붙인 것이다. 한국어판은 370쪽.

75~76쪽. 의무에 대한 언급의 출처는 149항, 칸트에 대한 언급의 출처는 133항 추가. 한국어판은 각각 309쪽, 261쪽.

80~81쪽. 브래들리의 묘사는 그의 *Ethical Studies* (초간 1876; 재간 Oxford University Press, Oxford, 1962), pp. 171-2에서 찾을 수 있다. 해당 구절은 Richard Norman, *Hegel's Phenomenology*, pp. 84-5에서 인용했으며 나는 그의 축약본을 이용했다. 한국어판은 『헤겔 정신현상학 입문』(한마당, 1984) 104쪽.

85~86쪽. 헤겔의 합리성 개념을 설명하기 위한 도시 계획 사례는 Jane Jacobs, *The Death and Life of Great American Cities* (Random House, New York, 1961) 참고.

87~89쪽. 헤겔은 합리적 국가의 입헌적 체계를 291~292항에서 제시한다. 한국어판은 524~525쪽.

93쪽. 표현의 자유에 대한 헤겔의 견해는 319항, 사법 체제에 대한 견해는 229항 참고. 한국어판은 각각 556쪽, 415쪽. 헤겔의 국가와 헤겔 시대의 프로이센 국가 사이의 유사성에 대한 전반적 논의는 T. M. Knox, 'Hegel and Prussianism', in Walter Kaufmann (ed.), *Hegel's Political Philosophy* 참고. 이 책에는 E. F. Carritt의 반론도 실려 있다.

95쪽. 포퍼의 헤겔 인용문 출처는 *The Open Society and Its Enemies*, vol. II, p. 31. 한국어판은 『열린 사회와 그 적들 II』 63쪽. 이렇게 헤겔의 사상을 제시하는 방법은 Walter Kaufmann, 'The Hegel Myth and Its Method' 에서 공격을 받는다. *Hegel's Political Philosophy*와 Alasdair MacIntyre (ed.), *Hegel*에 실려 있다. 카우프만은 국가에 대한 문장의 오역도 지적한다. 독일어 원문은 다음과 같다. "es ist der Gang Gottes in der Welt, dass der Staat ist." 이 문장은 258항 추가에 실려 있다. 한국어판은 449쪽.

97쪽. "주체적인 자유의 권리……"의 출처는 124항, "여기서 문제의 관건은……"의 출처는 265항 추가. 한국어판은 각각 246쪽, 459쪽. 215항에서 헤겔은 법률이 보편적으로 알려지지 않았으면 구속력이 없다고 주장한다. 한국어판은 397쪽.

98쪽. 폰 할러에 대한 헤겔의 공격은 258항에 달린 긴 주해의 주제다. 한국어판은 442쪽.

4장 정신의 대서사시

109쪽. 『정신현상학』에 대한 마르크스의 언급의 출처는 그의 *Economic and Philosophical Manuscripts of 1844*, in D. McLellan (ed.), *Karl Marx: Selected Writings* (Oxford University Press, Oxford, 1977), p. 98. 한국어판은 『경제학-철학 수고』(이론과실천, 2009) 187쪽.

110~111쪽. 여기에 인용한 구절들의 출처는 *The Phenomenology of Mind*, pp. 131ff. 한국어판은 『정신현상학 1』 113쪽 이하.

114~116쪽. 칸트에 대한 구절의 출처는 *Enzyklopädie*의 논리학에 대한 절. 영어판은 *The Logic of Hegel*, paragraph 10. 한국어판은 『헤겔의 논리학』(서문당, 2018) 114쪽. Norman, *Hegel's Phenomenology*, p. 11에서 재인용. 한국어판은 『헤겔 정신현상학 입문』.

122쪽. 고유 명사에 대한 헤겔의 견해는 그의 *Science of Logic*, vol. I, pp. 104-5 참고. 한국어판은 『대논리학』. 이 견해는 Ivan Soll, *An Introduction to Hegel's Metaphysics*, p. 97에서 언급된다.

123쪽. 언어로 도달할 수 없는 것은 참이 아니라는 진술의 출처는 *Phenomenology*, p. 160. 한국어판은 『정신현상학 1』 136쪽. 내가 인용문에서 '믿은(believed)'으로 번역한(한국어판에서는 '사념된'으로 번역—옮긴이) 'meinen'의 여러 의미에 대해서는 Soll, *An Introduction to Hegel's Metaphysics*, p. 102 참고.

135~136쪽. 소외된 노동에 대한 마르크스의 이론에 대해서는 *Economic and Philosophical Manuscripts of 1844*에 실린 같은 제목의 절 참고. 한국어판

은 『경제학-철학 수고』 82쪽 이하.

137쪽. “사유하는 데서 내가 ‘자유롭다’는 것은……”의 출처는 *Phenomenology*, p. 243. 한국어판은 『정신현상학 1』 235~236쪽.

148쪽. 인용문의 출처는 *Philosophy of History*, p. 220. 한국어판은 『역사철학 강의』 216쪽.

152쪽. “정신의 형태 속에서 자기를 아는 정신”의 출처는 *Phenomenology*, p. 798. 한국어판은 『정신현상학 2』 349쪽.

5장 논리학과 변증법

162쪽. 『논리학』의 대상에 대한 형이상학적 서술의 출처는 vol. I, p. 60. 한국어판은 『대논리학 1』 37쪽. 카우프만은 그의 *Hegel*, p. 195에서 헤겔의 개념들을 언급한다.

163~164쪽. 『논리학』의 방법이 유용하다는 마르크스의 언급은 1858년에 엥겔스에게 보낸 편지에 실려 있다. D. McLellan, *The Thought of Karl Marx* (Macmillan, London, 1971), p. 135. 또한 K. Marx, *Capital*, vol. I (Foreign Languages Publishing House, Moscow, 1961), pp. 19-20 제2독어판의 후기 참고. 한국어판은 『자본론 I〔상〕』(비봉출판사, 2018) 19쪽. “단순한 리듬”의 출처는 *Science of Logic*, vol. I, p. 65. 한국어판은 『대논리학 1』 44쪽.

172쪽. 헤겔이 범신론을 거부했다는 내용의 출처는 *Lecture on the Philosophy of Religion* Vol. 1, p. 97.

173쪽. 베네데토 크로체가 헤겔을 “급진적으로 비종교적”이라고 묘사한 구절의 출처는 *What is Living and What is Dead in the Philosophy of Hegel*, pp. 70-1. 로버트 휘트모어가 헤겔을 내재신론자로 언급한 구절의 출처는 *Tulane Studies in Philosophy*, vol. IX (1960), pp. 134-64.

독서안내

헤겔의 저작

헤겔 선집의 표준 독일어판은 20권짜리 유빌레(Jubilee) 판으로, H. Glockner가 엮어 1927~1930년에 출간되었다. 헤겔의 저작을 무엇부터 읽어야 할지 알고 싶은 영어권 독자에게는 이 책에서 다룬 저작들의 순서에 따라 읽기를 권한다. 이 저작들의 영어 번역본은 아래와 같다.

Lectures on the Philosophy of History, tr. J. Sibree (Dover, New York, 1956). 머리말을 따로 실은 책으로는 *Reason in History: A General Introduction to the Philosophy of History*, tr. R. S. Hartman (Library of Liberal Arts, New York, 1953), *Lectures on the Philosophy of World History. Introduction: Reason in History*, tr. H. B. Nisbet (Cambridge University Press, Cambridge, 1975)이 있다. 후자의 판본에는 별도의 학술 자료가 실려 있다. 한국어판은 『역사철학 강의』(동서문화사, 2016).

Hegel's Philosophy of Right, tr. T. M. Knox (Oxford University Press, London, 1967). 한국어판은 『법철학』(한길사, 2008).

The Phenomenology of Mind, tr. J. B. Baillie (Harper & Row, New York, 1967). 최근에 출간되었고 (많은 사람들이 보기에) 더 신뢰할 만한 번역본은 *Hegel's Phenomenology of Spirit*, tr. A. V. Miller (Oxford University

Press, Oxford, 1977)이다. 한국어판은 『정신현상학』(한길사, 2007, 2006).

Hegel's Science of Logic, tr. W. H. Johnston and L. G. Struthers in two volumes (Allen & Unwin, London, 1929). 최근 번역본은 *Hegel's Science of Logic*, tr. A. V. Miller (Allen & Unwin, London, 1969). 한국어판은 『헤겔의 논리학』(서문당, 2018).

헤겔의 기타 저작 중에서 가장 중요한 것은 *Encyclopedia of the Philosophical Sciences*일 것이다. 영어판은 분권으로 출간되었다. '소(小)논리학'이라 불리기도 하는 논리학 절은 W. Wallace의 번역으로 *The Logic of Hegel* (Clarendon Press, Oxford, 1874)이라는 모호한 제목으로 출간되었다. J. N. Findlay가 서문을 쓴 또다른 판본도 있다 (Clarendon Press, Oxford, 1975). 한국어판은 『헤겔의 논리학』(서문당, 2018). 2부는 *Hegel's Philosophy of Nature*, tr. A. V. Miller (Clarendon Press, Oxford, 1970)와 M. J. Petry의 번역 (Allen & Unwin, London, 1970)으로 출간되었다. 한국어판은 『헤겔 자연철학』(나남, 2008). *Hegel's Philosophy of Mind* (Clarendon Press, Oxford, 1894)는 Wallace의 원래 번역본에 A. V. Miller가 번역한 자료를 덧붙여 재출간되었다(Clarendon Press, Oxford, 1971). 한국어판은 『헤겔 예나 시기 정신철학』(이제이북스, 2006).

기타 저작의 영어 번역본은 아래와 같다.

Early Theological Writings, tr. T. M. Knox (University of Chicago Press, Chicago, 1948). 이 책에는 헤겔의 가장 초기 저작 중에서 현존하는 것들이 실려 있다.

Hegel's Political Writings, tr. T. M. Knox (Clarendon Press, Oxford, 1964). 영국 개혁법에 대한 글을 비롯하여 헤겔이 간간이 쓴 정치 논문들이 실려 있다.

Lectures on the Philosophy of Religion, tr. E. B. Speirs and J. B. Sanderson, in three volumes (Routledge & Kegan Paul, London, 1968). 1821년 강의의 한국어판은 『종교철학』(지식산업사, 2017).

Hegel's Aesthetics, tr. T. M. Knox, in two volumes (Clarendon Press, Oxford, 1975). 한국어판은 『헤겔의 미학강의』(은행나무, 2010).

Lectures on the History of Philosophy, tr. E. S. Haldane and F. H. Simson, in three volumes (Routledge & Kegan Paul, London, 1955). 한국어판은 『철학사 I』(지식산업사, 1996).

방대한 서지 목록이 딸린 간편한 헤겔 선집으로는 Stephen Houlgate가 엮은 *The Hegel Reader* (Blackwell, Oxford, 1998) 참고.

헤겔에 대한 저작

더 자세한 안내를 받고 싶은 독자에게는 Richard Norman의 얇고 흥미로운 책 *Hegel's Phenomenology: A Philosophical Introduction* (Sussex University Press, Brighton, 1976)을 권한다. 한국어판은 『헤겔 정신현상학 입문』(한마당, 1984). 다음으로는 Ivan Soll, *An Introduction to Hegel's Metaphysics* (University of Chicago Press, Chicago, 1969)가 있다. 그런 뒤에

는 Charles Taylor의 헤겔 관련서 두 권 중에서 분량이 적은 *Hegel and Modern Society* (Cambridge University Press, Cambridge, 1979)를 권한다. 한국어판은 『헤겔 철학과 현대의 위기』(서광사, 1988). 준비가 되었다면 더 두껍고 까다로운 *Hegel* (Cambridge University Press, Cambridge, 1975)에 도전하시길. 한국어판은 『헤겔』(그린비, 2014). 헤겔의 『정신현상학』에 대한 자세한 연구로는 Robert Solomon, *In the Spirit of Hegel: A Study of Hegel's Phenomenology* (Oxford University Press, New York, 1983); H. S. Harris, *Hegel's Ladder: A Commentary on Hegel's Phenomenology of Spirit* (Hackett, Indianapolis, 1995); Michael N. Forster, *Hegel's Idea of a Phenomenology of Spirit* (University of Chicago Press, Chicago, 1998) 등을 참고하라.

헤겔의 삶에 대해서는 Terry P. Pinkard, *Hegel: A Biography* (Cambridge University Press, Cambridge, 2000) 참고. 한국어판은 『헤겔』(길, 2015). H. S. Harris의 *Hegel's Development: Towards the Sunlight, 1770-1801*과 *Hegel's Development: Night Thoughts (Jena 1801-1806)* (Clarendon Press, Oxford, 1972, 1983)는 헤겔 초창기를 다룬 훌륭한 연구서다. George Lukacs의 영향력 있는 책 *Der junge Hegel*은 R. Livingstone의 영어 번역본 *The Young Hegel* (Merlin Press, London, 1975)로 출간되었다. 한국어판은 『청년 헤겔』(동녘, 1990, 1988).

Tom Rockmore, *Before and After Hegel: A Historical Introduction to Hegel's Thought* (University of California, Berkeley and Los Angeles, 1993)는 헤겔의 앎 이론을 역사적 맥락에서 들여다본다. 오래됐지만 여전히 유

익한 저작으로는 Edward Caird, *Hegel* (Blackwood, Edinburgh, 1901); Benedetto Croce, *What is Living and What is Dead in the Philosophy of Hegel?*, tr. D. Ainslie (Russell & Russell, New York, 1969); W. T. Stace, *The Philosophy of Hegel* (Dover, New York, 1955); J. N. Findlay, *Hegel: A Re-examination* (Allen & Unwin, London, 1958) 등이 있다.

헤겔의 사회적·정치적 사상에 대한 책으로는 Herbert Marcuse, *Reason and Revolution* (Humanities Press, New York, 1954)〔한국어판은 『이성과 혁명』(중원문화, 2011)〕; Shlomo Avineri, *Hegel's Theory of the Modern State* (Cambridge University Press, Cambridge, 1972); Raymond Plant, *Hegel* (Allen & Unwin, London, 1973); Judith Shklar, *Freedom and Independence: A Study of the Political Ideas of Hegel's 'Phenomenology of Mind'* (Cambridge University Press, Cambridge, 1976) 등을 눈여겨볼 만하다. 헤겔 철학이 전체주의 국가를 뒷받침하느냐에 대한 열띤 논쟁은 Walter Kaufmann이 엮은 *Hegel's Political Philosophy* (Atherton Press, New York, 1970)에 실려 있다. Z. Pelczynski가 엮은 *Hegel's Political Philosophy* (Cambridge University Press, Cambridge, 1971)도 있다. Alan Patten, *Hegel's Idea of Freedom* (Oxford University Press, New York, 1999)은 헤겔의 사회적·정치적 철학을 쉽게 설명한다. 이 책과 더불어 헤겔 사상에서 전체주의의 기원을 찾으려는 도발적 시도인 Karl Popper, *The Open Society and Its Enemies*, vol. II, chapter 12 (Routledge & Kegan Paul, London, 1966) 참고(단, 신중을 기할 것). 한국어판은 『열린 사회와 그 적들 II』(민음사, 2008).

헤겔 사상의 종교적 측면에 대한 자세한 연구로는 Emil Fackenheim, *The Religious Dimension of Hegel's Thought* (Indiana University Press, Bloomington, 1967)와 Bernard Reardon, *Hegel's Philosophy of Religion* (Macmillan, London, 1977) 참고. 또한 Robert C. Whittemore의 논문 'Hegel as Panentheist' in *Tulane Studies in Philosophy*, vol. IX (1960), pp. 134-64 참고. 이 호는 헤겔 특별호다.

철학 학술지에는 헤겔에 대한 학술 논문이 무수히 실려 있다. 최상의 논문 중 일부는 Alasdair MacIntyre (ed.), *Hegel: A Collection of Critical Essays* (Anchor, New York, 1972)에 들어 있다. Frederick C. Beiser가 엮은 *The Cambridge Companion to Hegel* (Cambridge University Press, Cambridge, 1993)은 헤겔을 본격적으로 연구할 때 요긴하다.

마지막으로, 헤겔의 사유가 청년헤겔학파에 의해 다양하게 변형되는 과정은 Sidney Hook, *From Hegel to Marx* (Humanities Press, New York, 1958)와 David McLellan, *The Young Hegelians and Karl Marx* (Macmillan, London, 1969)에 잘 서술되어 있다.

역자 후기

2018년 3월 24일 피터 싱어가 페이스북에 이런 글을 올렸다.

저의 최근작 소식을 알립니다. 마르크스 탄생 200주년 기념일인 5월 5일을 기념하여 『마르크스』 개정판이 출간되었습니다. 미국에서는 4월 1일에 출간됩니다.

좋아하는 철학자인 피터 싱어가 궁금한 사상가인 카를 마르크스에 대한 책을 썼고 게다가 변화한 시대 상황에 맞게 개정했다는 소식에 구미가 당겼다. 그래서 트위터에 "옥스퍼드 VSI 마르크스 편을 피터 싱어가 썼구나. 마르크스 탄생 200

주년을 기념하여 개정판이 나왔다고. 교유서가에서 내주면 좋겠다"라고 글을 올렸는데 이튿날 교유서가 신정민 대표에게서 "판권을 구하면 번역할 의향은 있으신가요?"라는 반응을 얻었다. 그런데 확인해보니 피터 싱어가 같은 시리즈로 『헤겔』도 썼기에, 『마르크스』를 읽는 데 도움이 될 것 같아서 이 참에 함께 번역하기로 계약했다(『헤겔』은 시공로고스에서 연효숙 선생의 번역으로 출간된 적이 있으나 지금은 절판되었다). 『마르크스』 독서안내에서 "헤겔의 사상에 친숙해지면 마르크스를 더 깊이 이해할 수 있다. 이 책을 재미있게 읽었다면 Peter Singer, *Hegel: A Very Short Introduction* (Oxford: Oxford Press University, 2001)도 맘에 들 것이다"라고 밝힌 것을 보면 둘 다 번역하길 잘한 것 같다. 사실 두 책의 번역은 사심에서 출발했다. 늘 '언젠가는 읽어야지'라고 생각하지만 한 번도 제대로 읽어본 적 없는 『마르크스』와 『헤겔』을 번역 핑계로 꼼꼼히 들여다보고 싶은 욕심이 컸다. 번역은 책을 가장 꼼꼼히 읽는 방법이기도 하니까. 물론 남이 번역해놓은 책을 읽는 것이 훨씬 편하지만.

방대한 헤겔 철학의 전모를 섭렵하는 것은 일반 독자에게 쉽지 않은 일일 것이다. 이 책은 헤겔 철학의 발전 과정을 동료 철학자의 관점에서 들여다본다. 그래서 여느 헤겔 소개서와 달리 철학자 피터 싱어와 철학자 헤겔의 대담처럼 읽힌다.

『역사철학 강의』를 시작으로 역사 발전에서 정신의 발전과 변증법 원리를 도출하는 서술 방식이 인상적이다. 이 책을 번역하고 나서 헤겔이 철학사에서 얼마나 큰 산인지 다시금 실감했다.

이 책이 일종의 대담이라고 말했는데, 마침 피터 싱어가 영국의 철학자 브라이언 매기와 이 책에 대해 대담을 나눈 동영상이 유튜브에 올라와 있기에 자막을 한국어로 번역했다. 헤겔과 마르크스의 사상을 간단명료하게 요약하고 있으니 참고삼아 봐두시길 권한다(http://socoop.net/Hegel/interview/).

이 책에서는 내용을 이해하는 데 무리가 없고 문맥과 글의 흐름상 필요할 경우 국내에서 통용되는 헤겔 관련서와는 다소 다른 번역어—'자기의식'(자의식), '자기인식'(자기지식) 등—를 일부 채택했으니 기존 헤겔 연구에 친숙한 독자들의 양해를 바란다.

『헤겔』에는 헤겔의 저작이 많이 인용되고 있는데, 한국어판이 출간된 경우 번역문을 그대로 옮겨 싣고 출처를 명기했다. 편집 방침에 따라서는 한국어판 인용문의 문장을 다듬기도 하는데, 이 책은 헤겔의 저작으로 이어지는 길잡이 역할을 하고 있으므로 독자가 대조하며 읽을 수 있도록 고유명사 등 일부 표기를 제외하고는 전혀 손대지 않았다. 다행히 헤겔의 주저가 출간되어 있어서 번역에 큰 도움을 받았다. 해당 저작들을 출간한 번역자와 출판사의 노고에 감사한다.

도판 목록

헤겔

HEGEL

1판 1쇄 발행 2019년 2월 21일
1판 3쇄 발행 2022년 10월 20일
2판 1쇄 발행 2024년 7월 1일

지은이 피터 싱어
옮긴이 노승영
편집 최연희 이고호
디자인 강혜림
저작권 박지영 형소진 최은진 서연주 오서영
마케팅 김선진 김다정
브랜딩 함유지 함근아 고보미 박민재 김희숙
박다솔 조다현 정승민 배진성
제작 강신은 김동욱 이순호
제작처 한영문화사(인쇄) 한영제책사(제본)

펴낸곳 (주)교유당 **펴낸이** 신정민
출판등록 2019년 5월 24일
제406-2019-000052호
주소 10881 경기도 파주시 회동길 210
전자우편 gyoyudang@munhak.com
문의전화 031) 955-8891(마케팅)
031) 955-2680(편집)
031) 955-8855(팩스)

페이스북 @gyoyubooks
트위터 @gyoyu_books **인스타그램** @gyoyu_books

ISBN 979-11-93710-39-5 03100

• 교유서가는 (주)교유당의 인문 브랜드입니다.
이 책의 판권은 지은이와 (주)교유당에 있습니다.
이 책 내용의 전부 또는 일부를 재사용하려면 반드시 양측의 서면 동의를 받아야 합니다.